습관은 반드시 실천할 때 만들어 집니다.

좋은습관연구소가 전하는 21번째 습관은 "내 기술을 지키고 내 기술로 돈을 버는 습관"입니다. 기술 하나에 목숨 걸고 살아온 연구원 출신의 창업가, 드디어 애써 준비한 기술 하나를 믿고 창업을 했습니다. 그런데 온갖 곳에서 내 기술을 흉내 내고, 내 기술에 문제가 있다고 공격을 합니다. 피땀 흘려 얻은 기술을 지키고 돈을 벌기까지 무엇을 해야 하고 무엇을 하지 말아야 할지, 연구밖에 몰랐던 창업가에게 비즈니스의 A to Z을 알려 드립니다.

내 기술을 지키고 내 기술로 돈을 버는 습관

# 기술창업 36계

엄정한 지음

좋은습관연구소

# 서문 _____
## 창업의 세가지 갈림길

스타트업이란 '빠른 성장을 지향하고, 파괴적 혁신을 추구하며, 수평적 문화를 가진 기업'을 말한다. 많은 사람들이 월급을 끊고 용감하게 창업에 나서지만 막상 준비가 안 된 창업가들은 길을 잃고 헤매기도 한다. 이들이 헤매는 이유를 살펴보면 자신이 선택한 사업 아이템이 어떤 분야에 속하는지 알지 못해서인 경우가 많다.

나는 창업 아이템을 크게 '문화창업' '서비스창업' '기술창업'으로 나눈다. 이 세 분야는 나중에 융합될 수는 있으나 시작 단계에서는 명확히 구분을 짓고 스타트하는 게 좋다. 왜냐하면 분야에 따라 창업 전략이 달라질 수밖에 없기 때문이다. 그러면 각각의 창업이 어떻게 다른 배경과 지향점을 갖고 있는지 하나씩 살펴보자.

문화창업

문화창업은 콘텐츠 비즈니스 영역에서의 창업을 말한다. 시, 소설, 미술, 뮤지컬, 음악, 영화, 영상 등 인간의 사상 또는 감정이 표현된 창작물을 기반으로 전개하는 사업을 말한다. 뽀로로, 싸이, 지드래곤, 라바, 터닝메카드, 또봇, 카봇, 걸그룹 같이 케이팝 가수에서부터 만화 캐릭터까지 사업 분야도 다양하다. 특히 우리나라와 일본, 미국, 영국 등이 잘하는 것이 이 분야 비즈니스다. 향후 중국도 풍부한 역사와 스토리를 갖고 있어 조만간 이 분야 창업이 많아 질 것으로 기대된다.

콘텐츠 비즈니스는 저작권, 상표권 비즈니스라고 해도 무방하다. 저작권을 중심으로 운영되는 이쪽 비즈니스는 문화예술의 저작물 보호를 위해 1886년 스위스 베른에서 체결한 '베른협약'을 기본 룰로 두고 있다. 국가간 교류의 룰도 분명한 편이라 국제적인 협업이나 거래 등이 어렵지 않다. 따라서 쉽게 글로벌 진출이나 콘텐츠 수출 등의 사업화가 가능하다. 최근에는 디지털로 콘텐츠를 전달하는 것이 쉬워지면서 유튜브, 넷플릭스, 아마존, 유쿠, 스포티파이 등의 플랫폼을 통해 돈을 크게 쓰지 않고도 쉽고 빠르게 전 세계를 대상으로 콘텐츠 판매도 할 수 있다. 좋은 콘텐츠를 만들기 위해서는 많은 투자를 해야 한다는 측면이 있지만 수출만큼은 다른 창업 분야에 비해 훨씬 용이하다. 예를 들어, 2021년 넷플릭스를 통해 선보인 〈오징어게임〉의 성공은 온라인을 통한 문화 창업의 글로벌 진출 가능성을 보여준 사건이라고 할 수 있다.

문화창업 스타트업은 콘텐츠의 팬을 모으고 이들의 충성도를 끌어 올리는 것이 무척 중요하다. 캐리소프트(〈캐리와 장난감친구들〉 채널을 시작으로 〈캐리TV〉라는 어린이 방송국으로 성장한 콘텐츠IP 기업)를 보면 콘텐츠 생산을 어떻게 하고 팬들은 어떻게 모아야 하는지 잘 알 수 있다. 콘텐츠 생산은 캐릭터를 만드는 것만을 의미하지 않으며 고객들에게 '즐길 거리'를 주는 것을 말한다. 우리가 잘 알고 있는 〈스타워즈〉〈에반게리온〉도 세계관을 제시하고 팬들의 참여를 유도했다는 점에서 지속적으로 팬들에게 즐길 거리를 제공했다고 볼 수 있다. 이처럼 팬을 중심으로 팬들이 알아서 콘텐츠를 재확산 한다는 점이 문화창업의 특징이다. 그러나 최근에 NFT(대체불가능토큰)나 블록체인 기술을 결합한 아티스트 플랫폼들이 많이 등장하면서 문화창업가들이 지나치게 기술에 의존하려고 하는 흐름이 있는데, 그렇게 해서는 안 된다. 문화창업의 본질은 팬들을 우리 콘텐츠와 사랑에 빠지도록 하고, 팬들과 함께 노는 것임을 잊지 말아야 한다.

## 서비스창업

사람들의 욕구를 해소하는 새로운 서비스를 만들어 기존의 낡은 서비스를 혁신하는 비즈니스가 서비스창업이다. 서비스 창업에서는 시장 파이를 얼마나 확보하느냐가 중요하기 때문에 기존에 존재하던 서비스 시장의 판을 뒤집을 정도의 사업 전략이 아니면 규모의 경제를 달성하기가 어렵다. 가격 비교 서비스인 다나와는 기존의 전자제품 유통의 본산이라 할 수 있던 용산 전자상가(원효상가, 나진상가 등)를 뒤집었다. 파괴적 혁신을 했다고 볼 수 있다. 인터넷으로 전자제품, 컴퓨터 부품의 가격을 쉽게 비교할 수 있게 해주었기 때문에 굳이 용산까지 방문하지 않아도 더 효율적으로 소비를 할 수 있게 되었다. 한편 배달의민족은 스마트폰을 통해 주변의 배달음식을 주문할 수 있게 해줌으로써 기존의 전단지 산업과 전화번호 안내산업 그리고 주문음식 배달산업 등의 판을 완전히 바꿔 났다. 아마존의 커머스 서비스는 전 세계 쇼핑몰들을 뒤집어 났고 아마존의 웹 서비스는 클라우드 기술의 새로운 표준으로 불릴 정도로 기존 서버 시장을 '파괴적으로 혁신'시켰다. 미국의 우버와 한국의 카카오T는 기존의 운수산업 시장의 판을 뒤집고 있는 중이다.

서비스창업을 준비한다면 기존 서비스들로 돌아가던

'판'을 완전히 뒤집을 생각으로 사업을 계획해야 한다. 시장 규모가 작은 우리나라는 기존 시장을 완전히 뒤집는 서비스가 아닌 이상 지속적인 경영 유지가 어렵다. 미국이나 중국 시장은 틈새(니치)라도 점령하면 일정 부분 성공할 수 있었지만 말이다.

서비스창업의 주된 모델은 오프라인에서 이루어지던 서비스를 모바일과 인터넷으로 연결시켜 시장을 확장하는 O2O(Offline to Online) 형태의 비즈니스다. 서비스창업가들은 소비자의 욕구를 파악하고 기존 서비스의 문제점을 끝까지 파헤쳐 더 나은 서비스를 제공해야 한다. 서비스 모델에서 시작하더라도 플랫폼으로 진화해 낮은 마진을 타개할 부가적 수익 모델을 만들어야 생존이 가능하다. 그리고 앱과 온라인에만 한정하지 않고 오프라인 기반에서도 사업을 해낼 수 있어야 한다.

### 기술창업

기술창업은 기술적 혁신에 관한 비즈니스다. 더 싸게 만들거나 더 비싸도 사고 싶은 것을 만들어내는 것이 기술창업이다. 샤오미의 경우 기존의 시장에서 성공한 제품과 비슷한 품질을 유지하면서도 더 싸게 만드는 것을 잘하는 것으로 알려져 있다. 샤오미에 열광하는 팬클럽인 미펀과 혁신적인 인터페이스인 미유아이(MIUI)등이 성공 이유로 언급되지만 결국 샤오미는 괜찮은 디자인과 괜찮은 성능의 제품을 싸게 파는 방식의 기술창업에 성공한 기업이라 할 수 있다. 반면 애플은 비싸도 사고 싶게 만드는 기술과 디자인 즉 '유니크함'이 코어다. 만약 우리 회사가 기존 시장에 나와있는 기업의 제품보다 더 싸게도 혹은 유니크함도 제시할 수 없다면 기술창업의 성공 가능성은 높지 않다고 봐야 한다.

30만 원 하는 블랙박스가 있는데 이를 27만 원에 만들 수 있다고 가정해보자. 10%의 판매가격 절감을 위해 많은 노력이 들어간다. 하지만 소비자 입장에서는 가격적으로 큰 차이를 느끼지는 못한다. 따라서 그 정도의 가격 절감으로는 기업의 고속 성장을 이끌기 힘들기 때문에 고성장 스타트업이라고 부르기 어렵다. 스타트업이라고 한다면 기존 30만 원짜리 블랙박스를 10만 원에 공급하는 기술을 보유하거나, 기존 30만 원짜리 블랙박스를 50만 원으로 높이되, 고객들이 살 수밖에 없는 유니크한 매력을 제공해야 시장에서 인정받을 수 있다. 또는 블랙박스가 아닌 완전히 새로운 형태의 영상 기록 디바이스 카테고리를 만들어 소비자를 매혹시켜야 한다. 가격을 낮추거나 높이는 것, 그것이 바로 기술이다.

지금까지 창업의 세 가지 형태를 살펴보았다. 사실 창업의 원리와 성공의 요인들은 창업의 형태와 상관없이 유사하다고 할 수 있다. 하지만 창업마다 각 형태에 맞는 스타일이라는 것이 존재하고, 이를 알고서 창업에 임한다면 좀 더 높은 확률로 성공을 꿈꿀 수 있다.

나는 스무 살에 첫 창업을 한 후로 9번의 창업을 했고 투자도 50회 이상을 했다. 현재는 50명 규모의 기업이 된 특허법인 BLT를 직접 설립한 후 지금까지 운영하고 있다. 그리고 '라돈침대' 사건의 기폭제가 된 라돈을 검출하고 파악하는 센서를 개발한 회사의 주주이자 마케팅이사로도 활동했고, 초기 스타트업에 투자하는 액셀러레이터를 설립하여 55명의 조합원들과 함께 개인투자조합을 결성하고 40여 개의 스타트업에 투자를 진행하기도 했다.

그동안 많은 기술창업에 참여하며 새롭게 알게 된 것들을 '브런치'라는 글쓰기 플랫폼에 틈틈이 글을 써서 올렸다. 2021년 브런치에서 전자책 플랫폼 '밀리의 서재'와 함께 전자책 공모전을 진행하는 것을 보고 그동안 써 둔 칼럼을 모아 공모전에 참여했다. 당첨자에게는 밀리의 서재에서 전자책을 출간해주는 특전이 있었다. 공모전 심사위원 중 한 분이던 MBC 〈이진우의 손에 잡히는 경제〉와 유튜브 〈삼프로TV_경제의신과함께〉의 진행자 이진우 기자는 내 글을 보고 "창업자들을 위한 가장 솔직한 글"이라고 평했다. 결국 내 글은 공모전 수상의 행운을 얻었고 〈기술창업 36계〉라는 이름의 전자책으로 출간할 수 있게 되었다(밀리의 서재 전용 콘텐츠로). 이후 다시 이 책을 좋게 본 출판사 좋은습관 연구소의 이승현 대표가 내용을 좀 더 보강해서 종이책으로 출간해보면 좋겠다고 제안을 주었다. 그렇게 해서 기존의 밀리의 서재 전자책보다 두 배에 가까운 내용을 담은 종이책(새 버전의 전자책 포함)을 새로 출간하게 되었다.

나는 이 책에서 그동안 경영이나 마케팅 혹은 창업 심사 등의 절차나 과정 등에 있어서 경험이 부족했던 기술창업가들을 중심에 놓고 창업의 A to Z를 다루고자 했다. 왜 굳이 기술창업가인가 하면 이들은 마케팅이나 조직관리 나아가 경영학 전반에 대한 공부나 고민이 경영학이나 마케팅을 전공한 문과형창업가에 비해 아무래도 부족하다. 그러다 보니 회사를 설립하고 운영하는 과정에서 많은 어려움을 겪는 것을 자주 보았다. 그래서 이들에게 특히 창업의 전반적인 사항을 자세히 알려줄 필요를 느꼈다.

기술창업가들을 대상으로 한다고 했지만 다른 분야의 창업가들이 얻을 게 없는 것은 아니다. 창업의 종류는 달라도 기본적으로 갖춰야 할 요소는 많은 부분에서 공통점을 갖고 있다. 다양한 배경을 가진 창업가들이 자신의 부족했던 점을 이 책을 통해 채워나갔으면 좋겠다.

　기존의 창업 관련 책들은 현장감이 부족한 경우가 많았다. 창업가들이 가져야 할 자세나 태도, 리더십 같은 추상적 개념을 다룬 책이 많았다. 물론 그것이 사업의 본질이기도 하고 창업가라면 중요하게 되새겨야 할 부분이긴 하지만, 이 책에서는 현장에서 일어나는 일들을 무엇이고 그 상황을 어떻게 해결해야 하는지 아주 구체적으로 마치 매뉴얼서처럼 써보려고 노력했다. 그래서 미리 읽어본 독자들은 내 글에서 흙냄새가 난다고도 했다.

　우리나라는 섬나라가 아니지만 섬나라와 비슷한 구조를 갖고 있다. 삼면이 바다로 그리고 나머지 한 면은 북한으로 차단되어 있어 섬나라와 마찬가지다. 사방이 막혀 있는 지정학적 구조는 우리 사회를 엄청난 경쟁 사회로 만들었다. 우리는 살아남기 위해 무시무시한 교육을 어려서부터 감내해 내고 있다. 일찍이 영국처럼 해외 진출 문화가 발전했다면 모르겠지만 역사적으로 그렇지 못했다. 인구 규모도 크지 않기 때문에 시장은 한정되어 있고 좋은 일자리도 부족하다. 이제는 대기업도 한 발만 삐끗하면 내리막길을 걷고 제조업 중심의 전통산업의 미래도 더 이상 보장받기 힘든 상황이다. 이런 상황에서 안정적인 직장은 이미 과거의 애기가 되었다. 그렇다 보니 우리는 자의든 타의든 살면서 한 번 이상은 어떤 형태로든 창업을 고민할 수밖에 없게 되었다.

결론적으로 말씀드려 우리나라는 창업밖에 답이 없다. 언제까지 자신의 운명을 남에게만 맡길 수 있을까? 그래서 창업은 어쩌면 우리 각자의 인생을 만드는 이야기일지도 모른다. 앞으로 소개하는 기술창업가가 되기 위한 36가지 현실적인 전략을 잘 살펴 성공하는 창업가가 되어보자.

**차례**

# 1부 창업을 꿈꾸다

# 2부　창업가에서 대표이사로

# 1부

## 창업을 꿈꾸다

# 1. 창업 전 체크 사항

기술창업가들은 기업의 개발자 출신이나 연구소 출신인 경우가 많다. 경우에 따라서는 셀트리온 창업자인 서정주 회장처럼 영업인 출신도 있다. 본인이 공대 출신이 아니고 인문대 출신이라고 해서 기술창업가가 아니라고 생각할 필요는 없다. 우리가 전공을 구분하기 시작한 것은 불과 얼마 되지 않은 일이다. 물론 자연을 연구하는 사람과 철학을 연구하는 사람은 성향이 많이 다르다. 하지만 서로 보완적 관계를 만들어야 혁신을 만들어낼 수 있다. 결국 '기술기반의 사업을 통해 혁신을 이끄는 사람'이 바로 기술창업가이다.

미국이나 중국, 유럽, 일본에서도 마찬가지지만 특히 우리나라에서는 기술에 관해 잘 아는 사람이 다니던 회사에서 연구하던 과제 등을 가지고 나와서 창업을 하고 기존 회사와 경쟁하는 경우가 꽤 많다. 이를 혁신의 과정으로 볼 수도 있겠지만 기존 회사 입장에서는 마음이 불편하고, 영업비밀 유출이 아닌가 하고 날을 세워 볼 수도 있는 문제다. 문제로 삼지 않으면 문제가 안 되기도 하지만, 자칫 잘못 하면 심각한 문제가 되기도 한다. 그래서 기술창업가는 이 러한 것들을 충분히 알고서 창업을 해야 뒤탈이 생기지 않 는다.

기술창업자가 퇴사 전 꼭 조심해야 하는 사항들을 정리 해보았다. 창업하기 전 반드시 체크해보자.

### 영업비밀보호법을 모르고 창업하면 감옥에 갈 수도 있다

무서운 이야기이다. 창업을 하든 이직을 하든 기술창업 을 꿈꾸는 사람은 '부경법'을 알고 있어야 한다. 부경법이란 '부정경쟁방지 및 영업비밀보호에 관한 법률'이라는 굉장 히 길고 잘 외워지지도 않는 법률 용어의 약칭이다. 기술 유 출에 관한 법률인 산업기술보호법과 더불어 엔지니어 출신 의 창업가라면 꼭 알고 있어야 하는 법이다.

친하게 지내는 변호사들 중에는 영업비밀 침해로 인해 구속된 연구원 출신 창업가를 변호한 경우가 많았는데, 사 연을 들어보면 안타깝게도 유죄인 경우가 많았다. 유죄로 인정이 되면 5년 이하의 징역 또는 5천만 원 이하의 벌금을 선고받게 된다. 법 없이도 살 수 있을 정도로 연구 말고는

할 줄 아는 것도 없는 엔지니어 입장에서 심리적으로도 금전적으로도 치명적이지 않을 수 없다. 그런데 이 법률은 우리나라에만 있는 것도 아니고 기술 선진국이라고 부르는 국가에서는 예외 없이 유사한 법률을 갖고 있다. 만약 이 법률이 없다면 기업 입장에서는 R&D에 투자한 자금과 시간을 날릴 수 있기 때문에 높은 기술 수준을 가진 나라일수록 이 '부경법'을 철저하게 적용하고 있다. 퇴사자 입장에서는 내가 만든 기술을 가지고 나가는 것이라고 생각할 수 있지만, 기업 입장에서는 돈과 시간을 투자해 어렵사리 만든 회사의 기술을 가져가는 것으로 생각할 수 있다. 특히 IT회사의 경우 개발자가 소스 코드를 통째로 들고나가는 경우도 많은데, 이 경우도 이 법률에 저촉이 된다고 봐야 한다. 그러니 기술 창업가는 본인은 물론이고, 다른 인재 영입에 있어서 영업비밀 침해 여부를 반드시 유의하며 사람을 뽑아야 한다.

'부경법'의 세부 사항은 인터넷 검색을 통해서도 쉽게 찾을 수 있다. '부경법'에서 말하는 '영업비밀'이란 1)공공연히 알려져 있지 않고 2)독립된 가치를 지니는 것으로써 3)상당한 노력에 의해 비밀로 유지된, 생산 방법과 판매 방법 그리고 그 밖의 영업 활동에 유용한 기술상 또는 경영상의 정보를 뜻한다. 단어들이 좀 어렵게 느껴지기도 하지만 꼼꼼히 들여다보면 어렵지 않게 이해할 수가 있다.

맨 먼저 1)공공연히 알려져 있지 않고, 의 경우 창업가가 이 문구에 저촉 당하지 않으려면 해당 기술은 이미 모두가 알고 있는 것이라는 주장을 해야 한다. 그래서 퇴사하기 전, 이 기술이 해당 업계에서는 이미 널리 알려져 있는 공지기술이라는 입증 준비물을 잘 챙겨 놓는 것이 중요하다. 논문, 잡지, 학술지, 인터넷, 유튜브, 박람회 카탈로그, 만료된 특허 문서, 외국 블로그 글 등의 자료를 준비해 두면 좋고 각 자료들은 날짜 표시가 되어 있어야 한다. 그리고 창업 후 변리사에게 특허 출원을 의뢰할 때 공지기술 여부에 대한 컨설팅을 받아 영업비밀을 어긴 것이 아님을 증명해야 한다.

정리하면 '비밀 기술'이라고 주장하는 기술이 퇴사 당시 '이미' 해당 분야에서는 '보편적인 기술'이었음을 입증하는 것이 중요하다. 이를 일명 '자유기술의 항변'이라고 한다. 당시 누구나 알고 있는 기술이라는 입증이 안 될 경우 형법상의 문제가 될 수 있으니, 미리 잘 살펴두어야 한다. 변리사들은 기존에 존재하던 선행기술을 찾는 전문가들이니 창업을 하기 전에 변리사들에게 '자유기술 컨설팅'을 받아보는 것이 중요하다.

다음으로 2)독립적 가치를 지니는, 의 경우 해당 정보나 기술로 경제적 이득을 얻을 수 있는 독립된 가치를 갖고 있느냐 여부인데, 이에 대해서는 한마디로 '별것 아닌 기술'임을 입증하는 것이 중요하다. 그런데 경제적으로 별것이 아니라면 해당 아이템을 가지고서 창업을 하지는 않았을 테니, 본 요건의 경우 해당 기술이 큰 매출을 일으킬 수 있는 상황인지 아닌지 실무적 판단을 받아 보는 것이 중요하다. 즉, 기존 회사의 매출 중 해당 기술이 대단한 비중을 차지하는 것이 아니었음을 입증하면 된다. 퇴사하기 전에 회사의 경영지원팀이나 담당 회계사 등을 만날 수 있다면 미리 해당 내용을 논의하는 것이 좋다. 그리고 코데이터(kodata. co.kr) 같은 곳의 서비스를 이용해 해당 기술이 회사 매출 중 얼마를 차지하는지 충분히 알아보는 것도 필요하다.

마지막 세 번째 3)상당한 노력에 의해 비밀로 유지된, 의 경우 대기업의 보안 활동을 한 번 떠올려 보면 된다. 반도체 핵심 기술을 갖고 있는 삼성전자나 SK하이닉스는 자신의 기술 보호를 위해 엄청난 비용을 쓴다. 이런 조치들은 상당한 노력 없이는 시행되기 어려운 조치들이다. 그런데 이를 반대로 생각해 회사의 제도나 절차 등이 영업비밀 유지 노력으로 볼 수 없는 정도의 수준이라면 영업비밀침해죄가 불(不)성립될 수 있다.

엔지니어 출신의 창업가에게 영업비밀은 어려운 단어처럼 생각되기도 하지만 형사구속의 위험을 피하기 위해서는 잘 따져야 하는 일이다. 최근에 LG, SK, 삼성 등의 대기업 간 영업비밀 소송이 증가하고 있으며, 창업했거나 다른 회사로 이직한 연구원 개인을 대상으로 제기되는 민사 형사 소송도 심심찮게 뉴스에 보도된다. 이직을 하든 창업을 하든 영업비밀은 꼭 챙겨야 할 항목이다. 만약 개인적으로 봤을 때 영업비밀에 해당될지 안 될지 판단이 어려운 경우라면 변리사나 변호사를 찾아가거나 특허청 영업비밀보호센터에 전화해서 조언을 구하는 방법도 있다.

### 직무발명인지 확인하자

직무발명은 기준이 명확하다. '퇴사 전에 완성한 발명'은 나의 발명이 아니라 회사의 발명일 수 있다. 퇴사 전에 거의 완성한 발명도 나의 발명이 아니라 회사의 것일 수 있다. 심지어 내가 퇴사하고 난 다음에 특허 출원된 발명이라도 나의 발명이 아닐 수 있다. 회사에 직무발명에 관한 규정이 있다면 당신이 만든 발명이 아니라 회사의 것일 수 있다.

반대로 회사 사규에 직무발명에 대한 규정이 없었다면 재직 기간에 만든 발명은 나의 것일 수 있다. 즉, 사규나 취업 규칙에 '재직 기간 중 완성한 발명은 회사에 승계한다'라는 문장이 있다면 내가 만든 것이라도 직무발명으로 분류되어 회사로 자동승계 된다. 즉, 나의 것이 아닌 게 된다.

이는 거꾸로 내가 기술창업가라면 창업과정에서 반드시 직무발명에 대한 규정을 만들어 두어야 한다는 것을 의미한다. 해당 규정이 없다면 퇴사자가 회사 소유의 발명을 개인의 것으로 주장하며 가져갈 수도 있다. 이는 회사에서 잘 성장시킨 직원이 퇴직 후 나와 유사한 사업을 하는 빌미를 제공할 수 있다는 것을 뜻한다. 만약, 퇴직 후 창업 생각이 있다면 재직 중인 회사에 직무발명 규정이 있는지부터 확인해 보자. 이미 창업을 했다면 회사에 직무발명 규정을 빨리 도입하고 정비하는 일부터 해야 한다. 더 자세한 내용은 특허청 산하 한국발명진흥회의 '직무발명제도' 공식 사이트에서 확인하면 된다.

그렇다면 '직무발명'인지 '자유발명'인지는 어떤 기준을 갖고 판단할까? 직무발명이란 직원(종업원, 법인의 임원 또는 공무원)이 그 직무에 관해 발명한 것이 회사(법인 또는 국가나 지자체)의 업무 범위에 속하고, 그 발명을 하게 된 행위가 종업원 등의 현재 또는 과거의 직무에 속하는 발명을 말한다. 이러한 직무발명은 완성도 안 된 상태로 '사전에' 회사로 예약 승계 될 수 있다. 이러한 예약승계 규정은 아마도 입사 당시의 고용계약서나 회사에서 공지한 취업규칙에 있었을 것이다. 다시 한 번 꼭 확인해보자. 직무발명을 활용해 개인적으로 특허출원을 하거나 외부로 유출 혹은 이를 바탕으로 창업을 하게 되면 3년 이하의 징역 또는 3천만 원 이하의 벌금형에 처하게 된다. 조심해야 한다.

만약 현대자동차 직원(연구원)이 기능성 여성 속옷에 관한 발명을 했다고 치자, 이 경우 직무에 속하는 발명에 해당하지 않기 때문에 회사에 물어볼 필요도 없이 발명자 개인의 이름으로 특허 출원을 할 수 있다. 현대자동차 직원의 직무는 자동차 관련 발명을 하는 것이지 속옷을 업무 범위로 하지 않기 때문이다. 이런 경우가 '직무발명'이 아닌 '자유발명'이다. 하지만 이 직원이 재직 기간 중 자율주행차 관련 기술을 완성한 경우라면 직무발명에 해당한다. 설령 회사에서 사업화를 포기한 기술이라 할지라도 말이다.

직무발명의 완성 시기는 퇴사 시점을 기준으로 한다. 따라서 발명의 완성이 퇴사 전이라면 직무발명에 해당하지만, 그 완성이 퇴사 이후라면 자유발명에 해당한다. 이처럼 날짜를 통해 자신의 아이디어를 보호받고 싶다면 회사에 있는 동안 연구 노트를 꾸준히 쓰고, 퇴사 시기까지 해당 기술이 완성되지 않았음을 그리고 아직 그 수준까지 간 것이 아님을 증명하는 연구노트 복사본 등을 갖고서 퇴사하는 것이 좋다.

소스코드는 모두 바꾸자. 주석 한 줄까지도

특허와 저작권은 언제나 뜨거운 이슈다. 특히 IT분야에서는 이직률이 타 업종에 비해 높고, 퇴사할 때 소스코드를 들고 나가는 경우도 많다 보니 저작권 문제로 송사가 벌어지는 일이 종종 있다.

소스코드는 마치 글과 같아서 저작권으로 보호를 받는다. 인용 없이 다른 책이나 논문의 표현을 그대로 쓰면 표절이 되고 저작권 침해가 되듯 소스코드도 마찬가지이다. 프로그램의 알고리즘은 소프트웨어 특허로 보호될 수 있으나 여기에서 다루기는 복잡하고 소스 코드 그 자체로 어떤 저작권 문제가 생길 수 있는지만 살펴보자.

퇴직했는데 이전 직장에서 나에게 스소코드에 대한 '저작권 침해소송'을 제기했다면 법원의 문서 제출 명령에 의해 내가 창업한 기업의 소스코드를 법원에 제출해야 한다. 이때 두 회사의 소스 코드가 동일하다면 저작권 침해 사유가 될 수 있다. 이 때 전체가 아닌 일부 사용이라 하더라도 문제가 될 수 있기 때문에 기존에 작성되어 있던 주석은 모두 변경해야 하며 기능적인 소스 코드도 모두 고쳐야 문제가 안 된다. 해당 코드를 내가 작성했다 하더라도 '직무 저작물'로 이전 회사로 소유가 귀속되기 때문에 소스 리비젼은 필수로 해야 하는 일이다. 내가 내 손으로 직접 짠 건데 무슨 상관이야? 라고 쉽게 생각해서는 안 된다. 베꼈는지 여부는 자동으로 찾아주는 프로그램이 정교하게 체크한다. 그래서 적당히 바꿔서는 안 되고 아예 새로 짤 생각을 하는 게 낫다. 괜히 잘못 손 댔다가 법정에 서는 일이 없도록 해야 한다.

최근에 세계적으로 이슈가 되었던 소스코드 저작권 사건이 있었다. 구글 안드로이드가 오라클이 인수한 선마이크로시스템즈에서 만든 자바(JAVA)의 소스코드 저작권을 침해했다는 사건이었다. 자바 소스코드 중 일부가 동일하게 안드로이드에 들어가 있는 것이 문제가 되었다. 1심에서는 구글이 승소했지만 2심에서는 오라클이 승소했다. 물론 최종적으로는 구글이 승리하면서 안드로이드 및 오픈 소스 기반의 생태계가 환호하기는 했으나, 역시 소스코드는 쉽게 표절 시비가 붙을 수 있으므로 기술창업자로서는 각별히 조심해야 하는 일이다.

## 2. 문제인식능력과 문제해결능력

남들이 만들지 못했던 기술로 세상을 바꾸는 창업가가 있
는가 하면, 남들이 미처 발견하지 못한 문제로 세상을 바꾸
는 창업가도 있다. 그동안 많은 창업가들과 함께 일하면서
그들을 관찰한 결과 '세상을 바꾸는 창업가의 성공 요소'에
는 '문제인식능력'과 '문제해결능력' 이 두 가지가 있었다.
이 둘 다를 모두 갖춘 사람은 반드시 성공했고, 둘 중 하나
만 있으면 나머지 하나를 학습하며 성공에 이를 수 있었다.
그런데 둘 다 없는 경우에는 십중팔구 실패를 했다. 만약 내
가 둘 다 없는 창업가인 것 같다면 다시 한번 창업을 고민해
볼 필요가 있다.

문제인식능력과 문제해결능력

'문제인식능력'은 창의적인 질문을 던지는 힘이다. 상대
방이 원하는 것이 무엇인지 사업의 존재 이유가 무엇인지

계속해서 질문을 던지게 하는 힘이다. 문제인식능력은 사업의 본질에 대한 끊임없는 탐험을 가능하게 해준다. 그런데 이 능력이 만약 없다? 그러면 남의 일만 해주는 용역 역할만 하게 된다. 그렇다면 문제인식능력이 없는 상사와 함께 일한다면? 아마 다른 팀 지원 업무만 잔뜩 떠맡을 수 있다. 왜냐면 기획이 안 되는 조직은 일을 주도적으로 이끌어 가기 어렵기 때문이다. 또한 문제인식능력이 부족한 부하직원이 있다면 이 직원은 상사가 지시한 일 이외에는 이슈를 만들지 못하고 당연히 이를 실적으로 연결하지도 못한다.

'문제해결능력'은 창의적인 해결 방법을 찾는 힘이다. 이 능력을 갖춘 사람은 실행력이 강하고 실패를 하더라도 문제의 원인을 찾아 다시 솔루션을 만들어 내는 힘이 있다. 그런데 이 능력이 없고 앞서 소개한 문제인식능력만 있다면 아이템 확보로 단기간에 사업을 키울 수는 있겠지만 결국에는 구체적인 해결 방안을 만들지 못해 실패를 하고 만다. 한마디로 아이템은 풍부하나 결과물은 없고 바쁘기만 한 경우라 할 수 있다. 이런 창업가는 여러 곳으로부터 투자를 받기도 하지만 종국에는 해결책을 마련하지 못해 사기꾼 취급을 받는다. 만약 조직의 리더가 문제해결능력이 떨어지게 되면 그 팀은 산출물이 계속 안 만들어져 실적 부진을 겪을 가능성이 높다. 그리고 문제해결능력이 부족한 팀원이 있다면 무슨 일이든 새로 시작하면서 일일이 교육해야 번거로움이 생긴다.

## 문과형창업가와 이과형창업가

많은 창업가들과 함께 일하며 느낀 것이지만 창업가들의 성향과 성공에는 일정한 패턴이 보인다. 이분법적으로 딱 구분되지는 않지만 대략 '문과형창업가'와 '이과형창업가'로 나누어 볼 수 있다. 문과형창업자들은 "이게 문제야!"라는 말을 주로 하고, 이과형창업자들은 "난 이걸 할 수 있어!"라는 말을 주로 한다.

문과형창업가는 문제인식능력이 이과형창업가에 비해 뛰어나다. 이들은 지속적으로 질문을 던지며 현재의 상황을 두고서 무엇이 문제인지 끊임없이 확인한다. 어떤 산업 분야에 속하는지 여부와 상관없이 '예민한 감각'을 계속 유지하는 노력을 하고 일상에서 당연하다고 생각하는 것에 대해 계속 의심을 하고 질문을 한다. 문과형창업가들은 다른 사람들(소비자, 투자자 등) 앞에서 자신이 발견한 문제를 소개하고 이를 공감으로 이끌어내는 탁월한 능력을 갖고 있다. 그래서 발표 현장에서 이들의 얘기를 듣고 있다 보면 무릎을 탁 칠 때가 많다. 하지만 실제로 어떻게 해결할 것인지 물어보게 되면 아직은 구체적인 솔루션이 없거나 남의 기술인 경우도 많다. 시장을 뚫을 기술을 완성하지 못하면 사람들의 공감은 이내 실망으로 바뀐다.

반면 이과형창업가들은 문제해결능력이 뛰어나다. 문제해결을 위한 솔루션을 계속 제시하고 기존의 지식들을 잘 융합시켜 더 나은 해결책을 지속적으로 탐색한다. 최신의 깊이 있는 지식을 찾아 연구하며 문제 해결을 위한 도전도 멈추지 않는다. 세상에 존재하는 모든 문제들을 기술적으로 해결하고자 하는 의지도 강하다. 그런데 막상 그러한 해결법이 얼마나 많은 사람들을 고통에서 구해내는지, 얼마나 많은 사람들의 지갑을 열게 할지에 대해서는 갸우뚱해질 때가 있다. 기술이 있긴 한데 그것이 기업을 운영할 정도의 시장이 되는지에 대해서는 확신하지 못한다.

이처럼 문과형창업가가 성공에 유리하냐 아니면, 이과형창업가가 유리하냐 따지는 것은 어려운 문제다. 마치 '시장이 먼저냐 기술이 먼저냐?'하는 문제와 같다. 결국 사업을 성공시키기 위해서는 이 둘의 밸런스를 잘 구축하는 것이 중요하다. 사실, 누구에게나 문제인식능력과 문제해결능력이 존재한다. 그래서 본인이 문과형창업가라고 생각하는 사람은 문제해결능력을 연마하면 되고, 그것도 어려우면 문제해결능력을 갖춘 사람을 모셔오면 된다. '기술은 돈으로 사오면 된다'고 생각하고 외부 협력을 얻어 개발(외주)하는 경우도 있지만, 협력사가 잘 개발해주면 다행이지만 그렇지 못하게 되면 소비자와 투자자에게 약속한 시간을 지키지 못해 신뢰를 잃는 일이 발생한다. 이러한 일을 막기 위해서라도 스스로 문제해결능력을 갖추려는 노력과 그러한 능력을 가진 코파운더(공동창업가)와 파트너를 구하는 것이 중요하다.

한편, 본인이 이과형창업가라고 생각하는 사람은 문제인식능력을 연마하면 되고 계속해서 질문하는 능력을 키우면 된다. 그리고 그러한 능력을 키울 수 있게 도와줄 어드바이저를 모시는 것도 좋은 방법이 된다. 좋은 어드바이저 그룹과 두세 달에 한 번씩 모임을 갖고 회사의 방향에 대한 조언을 듣는 것도 사업에 상당한 도움이 된다. 이과형창업가들은 스스로 문제해결능력이 있다고 생각하고 '내가 만들면 다 돼'라고 생각하지만 실패는 그런 자만에서 비롯된다는 것을 알아야 한다. 무언가를 개발하고 만드는 것은 참 대단한 일이긴 하지만 시장에서 원하는 것을 만드는 것을 만들어야 창업에 성공할 수 있다. 이를 위해서는 문제인식능력을 가진 구성원을 반드시 확보하고 권위적이지 않으며 질문과 대화가 끊이지 않는 기업문화를 만드는 것이 중요하다.

"왜 우리 회사의 사업은 성장하지 않을까?"에 대한 분석을 문제인식능력과 문제해결능력의 관점으로 나누어서 생각해보면 쉽게 성장 전략을 찾을 수 있다. 창업가 본인은 물론이고 우리 기업에 부족한 성향은 무엇인지도 분석하게 된다. 그런 다음 이를 개선하는 과정에서 '성공'이라는 과실을 얻게 된다.

# 3. 사업 아이템 선정법

'창업 아이템'과 '연구 아이템'은 완전히 다르다. 연구 아이템은 국책연구소나 대학 그리고 기업에서 미래 기술 개발을 조건으로 연구되는 것을 말한다. 상용화를 전제로 하긴 하지만 반드시 실현되는 것을 목표로 하는 것은 아니다. 그런 만큼 현실화에 실패하더라도 당장 기관이나 기업이 문을 닫을 정도로 데미지가 있는 것은 아니다. 연구 결과에 어떤 '유의미한 성과'가 있다면 그것만으로도 충분하다.

하지만 창업 아이템이라면 생존을 위한 아이템이 되어야 한다. 이 말인즉슨, 한 번의 시도로 한 번에 성공을 거두어야 한다는 것을 뜻한다. 그래서 기술 창업을 위한 아이템 선정은 매우 중요하다. '유의미한 성과'만으로도 성과를 인정받는 연구 아이템과는 차원이 다르다.

아이템은 사업 성패를 결정짓는 코어이다. 기술창업가들은 기술이 있기 때문에 사업 아이템이 없어도 일단 기술만 갖고서 창업을 하기도 한다. 하지만 사업 아이템 없이 기술력에만 의존해 창업을 하게 되면 자칫 남의 일만 해주고 정부과제비만 받아서 연명하는 일명 '좀비 벤처'가 될 가능성이 있다. 물론 일은 계속해서 들어올 것이다. 하지만 그것은 용역이고 서비스이지 기술창업은 아니다. 이 점을 꼭 명심해야 한다.

남의 일만 해주다가는 정작 자기 아이템을 할 때가 되어도 불어난 직원들 급여를 충당하느라 진짜 하고 싶은 일을 못하게 되는 수가 있다. 그렇기 때문에 기술창업자들은 창업하기 전 반드시 '진짜로 하고 싶은 사업' 아이템에 대한 준비를 철저히 하고서 창업을 해야 한다. 기술만 갖고 나갔다가는 끝없는 용역의 길로 빠질 수 있음을 명심해야 한다.

지금부터는 기술창업에 있어 사업 아이템 선정의 세 가지 원칙을 살펴보자.

## 가장 잘할 수 있는 분야인지 생각하고 파고들어라

통상 기술창업가들은 기업이나 대학연구소에 있을 때 자신이 담당했거나 연구했던 분야의 아이템으로 창업을 한다. 구글을 만든 래리 페이지, 세르게이 브린도 검색 기술에 관한 연구를 대학(스탠퍼드 공대)을 다닐 때부터 했다. 두 사람은 대학 시절 야후의 디렉터리 방식의 검색 엔진이 문제가 있음을 발견하고 이를 페이지랭크 방식으로 검색 알고리즘을 만들었다. 넥슨의 고(故) 김정주 대표도 KAIST 전산학과 박사 과정 중에 창업을 하고 게임 〈바람의 나라〉를 개발했다. 두 케이스 모두 대학 시절부터 창업가 스스로 연구했거나 평소 관심을 두고 있는 것에서부터 사업 아이템을 찾은 케이스다.

가끔 대기업 연구소 출신의 창업가가 자신의 전공과 무관하게 기술창업이 아닌 서비스창업을 하는 경우가 있는데, 본인이 꿈꾸던 필생의 사업이라면 상관없겠지만 그냥 요즘 이게 뜬다고 해서, 트렌드라고 해서 잘 모르는 시장에 뛰어들었다가는 큰코다치는 일이 발생한다. 현재 내가 가장 잘할 수 있는 것이 무엇인지 정의하고 그것에서 파생되는 수많은 기회를 분석하는 것이 기술창업 아이템 선정의 첫 번째 단계임을 명심해야 한다. 그리고 분석 결과 레드오션 시장의 아이템이라면 샤오미처럼 가격을 획기적으로 낮추는 기술을 갖고 있지 않은 이상 성공하기 쉽지 않다는 것도 알아야 한다. 내가 가진 기술력을 이용해 몇 배의 성과를 낼 수 있는 새로운 아이템은 반드시 존재한다. 그런 만큼 현재 내가 가장 잘하고 있는 분야를 더 파고들어 가는 게 중요하다.

개인적인 경험담을 옮겨보자면, 나의 첫 기술창업(2015년부터 엔젤 투자자 겸 기획자로 참여) 사례인 넥시스의 경우도 이미 잘하고 있던 일에서 힌트를 얻어서 창업을 한 케이스이다. 넥시스 설립자는 한때 국내 블랙박스 시장의 50%를 점유하던 다본다 블랙박스의 연구소장이었다. 그는 지난 20년 동안 자신이 갈고 닦았던 영상 처리 기술 및 하드웨어와 소프트웨어 제어 기술을 가지고서 2015년 '스마트 헬멧' 아이템으로 창업을 했다. 스마트 헬멧은 안전을 위해서만 쓰는 헬멧을 뛰어넘어 착용자에게 다양한 정보를 실시간으로 제공하면서 업무 편의를 높일 수 있다는 아이디어를 담은 제품으로 현재 200여 건설사와 한국도로공사 등으로 납품하고 있다. 그리고 해외로도 수출되는 등 국내외로 제품력을 인정받고 있다. 이 회사의 경우 자신들이 갖고 있던 능력(영상 녹화)이 무엇인지 분석하고 이를 접목할 수 있는 아이템을 계획하는 것으로 창업의 첫 허들을 넘었다.

## 기술완성까지의 시간을 고려하라

아무리 좋은 아이템이더라도 기술 완성에 소요되는 시간을 제대로 계산하지 않으면 사업 시작도 해보지 못하고 낭패를 볼 수 있다. 그래서 이런 경우 투자자를 먼저 확보하고 기술 개발을 진행하는 것이 중요하다. 패밀리(부모나 친척)

펀드든, 엔젤 투자든, 기관 투자든 투자자를 확보한다는 의미는 개발에 필요한 시간을 번다는 뜻이다.

그런데 개발에 대한 명확한 계획 없이 이것저것 완성도를 위해 다양한 기능을 추구하다가는 끝없는 수렁 속으로 빠져들어 결국에는 고객에게 선보일 아이템도 완성하지 못하고 사업을 접게 된다. 그리고 그렇게 개발이 길어지게 되면, 몇 년 후 다른 기업의 제품을 보고서 '아, 저거 내가 옛날에 만들던 건데…'하는 자조 섞인 얘기를 하게 될지도 모른다.

요즘은 최소 기능만 구현하고 빠르게 사업을 런칭하는 방식을 '린 스타트업' 또는 '애자일 방법론'이라고 해서 많이들 추천하는데, 서비스업이 아닌 하드웨어 중심의 사업에서는 잘 맞지 않을 수 있다. 자칫 첫 제품을 보고 실망을 해서 다시는 우리 회사를 찾지 않을 수 있기 때문이다. 제품을 3~4개월마다 '린'하게 업데이트한다면 모르겠지만 기술 완성까지 얼마가 걸릴지 모른다면 같이 일하는 동료들도 점점 지쳐갈 수밖에 없다. 따라서 창업가가 준비한 자금에 비해 개발 기간이 과도하게 걸리는 사업 아이템이라면 우선 피하는 것이 상책이다.

'완전한 제품'이라는 것은 세상에 없다. 그래도 기술 창업가라면 어느 정도 작동이 가능하고 고객으로부터 인정받을 수 있는 수준의 시제품 개발 기간을 예상하고 이를 염두에 두는 창업이 중요하다. 만약 내가 준비한 자본력으로 감당하기 어려운 사업 아이템이라면 과감히 아이템 조정을 해야 한다.

## 시장의 규모와 함께 시장이 형성되는 시간을 예상하라

신기술은 원래 시장에 존재하지 않거나 없는 솔루션이다. 하지만 앞으로도 한참 동안 시장에 나타나지 않을 기술이라면 이를 사업 아이템으로 선택하는 것은 틀린 전략이다. 그래서 첨단 기술을 기반으로 하는 사업일수록 시장이 만들어지는 시간을 중요하게 고려해야 한다.

개발 예산이 아이템을 완성하는 데 필요한 돈과 시간이라면, 마케팅 예산은 시장을 창출하는 데 필요한 돈과 시간이다. 물론 창업가 혼자서 돈과 시간을 쓰는 것은 아니다. 정부, 대학, 연구소, 경쟁사 등이 있고 이들과 함께 시장을 만들어 간다. 시장을 만들어 가는 과정이 기술 마케팅의 과정이라고 할 수 있기 때문에 여러 관계 기관들과 협업을 통해 시장 개화 시점을 빨리 앞당겨야 사업으로서 존속할 수 있다.

경제학에서는 초기 시장에서 주류 시장으로 넘어가는 과도기를 가리켜 '캐즘'(Chasm, 틈·구멍을 의미)이라고 했다. 캐즘을 넘어야 시장이 생기고 기업들이 돈을 벌어갈 수 있다.

아이템이 캐즘을 넘지 못하면 해당 기술로는 시장 창출이 어렵다. 캐즘이 언제 올지는 아무도 알 수 없다. 하지만 창업가라면 나름 자신의 판단과 기준을 갖고 있어야 한다. 그래야 개발 비용은 물론 마케팅 비용이 얼마나 더 들지 예측이 가능하다.

비록 니치 마켓(틈새 시장) 아이템이라 하더라도 수요자가 많거나 아이템 가격이 높다면 일정한 시장이 만들어질 수 있다. 중국이 좋은 시장으로 평가받는 이유는 구매력을 갖춘 인구가 절대적으로 많아 니치 마켓에 해당하는 아이템이라도 캐즘을 빨리 넘을 수 있기 때문이다. 그리고 일본이 좋은 시장인 이유도 괜찮은 기술에 대해 괜찮은 가격을 지불하는 문화가 존재하기 때문이다. 미국은 이 둘 다를 모두 갖고 있는 시장이다. 그래서 신기술을 보유한 회사들 대부분은 미국 진출을 희망한다.

단순히 제품 하나만 두고서 시장을 전망하지는 않는다. 해당 기술로 만들어지는 다양한 제품 전부가 주목받을 정도가 되어야 내 제품도 고객의 구매 리스트에 오를 수 있다. 아무리 멋진 페라리를 만들었다 하더라도 도로가 깔리지 않으면 성능을 낼 수 없는 것과 같다. 따라서 기술창업가는 언제 도로가 뚫리는지 예상해야 하고 도로가 깔리는 시점(산업의 인프라)이 늦어질 것 같으면 사업 아이템을 재빨리 바꾸는 순발력을 발휘해야 한다.

산업 인프라의 경우 정부에서 주도하는 경우가 많다. 각종 연구과제, 정부 인프라 사업 등으로 대표되는 정부 R&D 예산의 분포를 보게 되면 내 사업이 언제 뜰 수 있을지 대략적인 예상을 해볼 수 있다. 우리나라뿐만 아니라 해외의 관련 기관이나 연구소의 실적이나 투자 등을 살펴보는 것도 사업 시기를 예측하는 데 도움을 받을 수 있다. 예를 들어 미국은 자신들의 우주 산업을 성장시키기 위해 국방부, 환경부, 우주국 등의 기관에 엄청난 예산을 쏟으며 미래 기술을 띄우고 인프라를 구축하는 데 힘을 기울인다. 이런 과정을 보면서 우주 관련 기술의 창업 시점을 예측해보는 것이다.

그런 점에서 전문가 그룹의 각종 전망 자료는 챙겨봐야 한다. 가트너(Gartner)사가 발표한 자료 중 '하이프 사이클'(Hype Cycle)이라는 것이 있다. 새로이 주목받고 있는 이머징 테크놀로지에 대한 시장 개화가 언제쯤 이루어질지 예상하는 그래프이다. 나름 적중률이 높아서 많은 사람들이 인용한다. 시장 개화 시기에 대해서는 근거와 객관성이 부족하다고 비판을 받기도 하지만 특정 기술의 시장 개화 시기를 알고자 할 때 참고해볼 만하다.

기술 창업에서 사업 아이템은 너무나도 중요하다. 아무

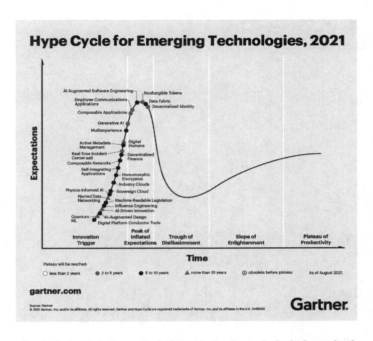

리 열심히 개발하고 마케팅을 한다 해도 아이템이 좋지 않으면 시장은 열리지 않는다. 마케팅 감각이 없는 창업자의 경우 감(感)이나 관성으로 아이템을 판단한 것이 문제가 되어 수렁에 빠지기도 한다. 앞에서 설명했던 것처럼 우리 팀의 전공에 기반한 아이템, 기술 완성까지의 돈과 시간을 감안한 아이템, 시장의 개화 시기에 맞춘 아이템 이렇게 이어지는 세 가지 원칙을 거치지 않는다면 '원 샷 원 킬'하는 사업 아이템을 찾을 수 없다.

# 4. 사업계획서 작성법

이제 아이템도 선정했으니, 본격적으로 사업계획서를 작성해보자. 창업은 사업계획에서부터 시작한다고 해도 과언이 아니다. 사업계획서에는 해결하려는 문제, 사업 아이템, 비즈니스 모델(수익 모델), 보유 기술, 팀의 능력, 경쟁사, 시장 크기, 투자 계획, 향후 로드맵, 브랜드, 예상 수익 등이 모두 담겨 있다.

사업계획서를 투자자로부터 투자받기 위한 문서 정도로 생각하는 분들이 있는데 그렇게 생각해서는 안 된다. 사업계획서는 투자자가 아닌 창업가 스스로를 위한 문서여야 하고 팀원들에게 공감을 얻을 수 있는 문서여야 한다. 또 세상의 어떤 부분을 어떻게 바꾸려고 하는지 사업의 비전이 잘 정리된 문서이며, 구성원과 투자자들은 읽기만 해도 사업이 실현될 거라 믿고 각자의 역할을 자각할 수 있는 문서여야 한다. 그러니 CEO인 창업가가 직접 작성해야 한다는 것은 너무나도 당연한 얘기다.

지금부터는 기술 창업가가 자신의 사업을 스스로 체크하는 것은 물론이고, 창업 심사에서 좋은 결과를 얻을 수 있도록 사업계획서 작성 시 유의할 점 일곱 가지를 하나씩 살펴보도록 하자.

## 사업 제목은 한 줄로 명확히 표현해야

사업계획서의 제목을 크게 신경 쓰지 않는 창업가들이 많다. 하지만 창업 투자 심사위원들은 제목만 보고서 자신이 주목할 사업계획과 그렇지 않은 사업계획을 미리 나눠버리는 경우가 많다. 여러 건의 사업계획서를 동시에 심사하기 때문에 사업계획의 제목만 미리 살펴보고서는 귀담아들었으면 하는 발표를 마음속으로 미리 정해두는 것이다. 이때 제목이 너무 짧으면 사업 내용이 제대로 표현되지 않고 반대로 너무 길면 장황해져서 심사위원들 눈에 들어오지 않는다. 그래서 제목을 적절한 길이로 명확하게 잘 정하는 것이 중요하다.

사업계획서의 제목은 문제점, 해결 방법, 수요처(타겟 시장)가 잘 드러나도록 한 줄로 작성하는 것이 가장 좋다. 심사위원들은 제목만 보고서도 시장 규모를 머릿속으로 그리며 사업의 전체적인 그림을 상상할 수 있기 때문에 제목에서부터 너무 좁은 수요처를 지시하는 것은 좋지가 못하다. 또한 제목에 '매우' '자동으로' '쉽게' '스마트한' '융복합' '4차 산업혁명' 같은 '주관적 만능 단어'들을 사용하는 것은 지양해야 한다. 특히 최근에 거의 일반 명사화 되다시피 한 '인공지능' '블록체인' '공유경제' 등의 트렌디한 단어들은 심사위원들에게 잘못된(기대 혹은 뻔한) 선입견을 줄 수 있기 때문에 사용한다 하더라도 적당히 쓰는 것이 좋다. 개발자 또는 사업가 출신 심사위원들은 이미 많은 지식(경험)을 갖고 있기 때문에 자칫 이 주제들과 관련해서 심사위원과 논쟁이라도 붙는다면 좋은 결과를 기대하기 어려울 수도 있다. 세부 내용에는 트렌디한 단어를 넣어도 괜찮지만 제목에서는 적당히 쓰는 것이 좋다.

## 자신의 경력과 사업아이템을 연계해야

심사를 하다 보면 마치 강의를 듣는 듯한 느낌이 들 때가 있다. 어디서 본 듯한 사진과 그래프, 풍부한 전공 지식이 포함된 멋진 디자인의 사업계획 발표는 다양한 정보를 얻는다는 측면에서 감사한 마음이 들기도 하지만 동시에 '저 대표님은 대체 어떤 사업을 하려는 거지?' 의문을 주기도 한다. 아래에서 한 번 더 언급하겠지만 창업 심사에서는 심사위원들의 '공감'을 얻는 것이 가장 중요하다. 그런데 사업 계획서에 정보만 가득하다면 공감을 얻는 것과는 점점 거리가 멀어질 수밖에 없다.

사업 경험이 있는 창업 심사위원들에게 '왜 이 사업을 해야만 하는가?'라는 물음은 너무나도 중요하고 당연한 질문이다. 마치 그동안 듣도 보도 못한 신선한 대박 아이템이 중요하다고 생각하겠지만 투자자나 심사위원들의 생각은 다르다. 구글로 찾을 수 없는 깊이 있는 데이터와 창업가의 경험에서 나온 인사이트 그리고 강한 의지가 심사위원들을 감동시킨다. 결국 창업 스토리는 예비 창업자 자신에서부터 나온다. 심사위원들은 '창업가 당신의 이야기'에 더 귀를 기울이고 있다는 걸 절대 잊어서는 안 된다.

### 발견한 문제점을 명확히 설명하고 공감 이끌어 내야

기술 창업가들의 경우 기술에만 너무 경도되어 타겟 고객이 갖고 있는 문제점 설명을 생략하는 경우가 있다. '나는 무엇을 할 수 있다'(솔루션)만 언급하고 '어떤 사람들이 무엇을 필요로 한다'(니즈)는 언급하지 않는 것이다. 남들이 발견하지 못한 문제점을 찾아내고 이를 해결하기 위해 창업을 한 것인데, 사업의 배경과 창업가가 발견한 문제점에 대한 설명은 건너뛰어 버린다.

앞에서도 얘기했지만 사업계획서 작성은 결국 공감을 얻는 과정이다. 공감이라 함은 '해결하고자 하는 문제에 얼마나 많은 사람들이 동의하느냐'이다. 심사위원들이 평균 이상의 경험을 가진 사람들이긴 하지만 모든 분야에 전문성을 갖고 있다고는 말할 수 없다. 심사 현장에서 해당 분야의 아이템을 처음 보는 경우도 있다. 그래서 이런 경우에는 내가 발견한 문제점이 얼마나 심각한 문제이며 얼마나 많은 사람들이 고통을 겪고 있는지 다소 일반화된 설명을 할 필요도 있다. 그래야 공감이 가는 사업계획서라 할 수 있다.

## 문제 해결 방법은 '사업적'이어야

문제가 명확하고 공감도 되지만 해결 방법이 '자선적'인 경우가 있다. 사람들의 관심은 끌 수 있으나 돈이 되지 않는 비즈니스 모델인 경우다. 해결 방법이 '사업적'이어야 한다는 것은 창업가가 해당 비즈니스를 통해 이윤을 남길 수 있는 원가 계산이 되어야 한다는 것을 뜻한다. 물론 사업 초기에는 큰 수익을 낼 수 없다. 이는 모든 사업에 동일하게 해당되는 사항이다. 하지만 사업을 할수록 적자가 나는 구조는 절대로 지양되어야 한다. 사업을 시작하기 전이라 원가 계산이 정확하지 않더라도 창업 심사위원들을 공감시킬 설득력 있는 수익 모델이 사업계획서에 담겨야 한다.

## 팀을 구성할 능력이 있음을 어필해야

사업은 혼자서 할 수 없다. 물론 서비스업이나 판매 중심의 소규모 창업은 개인 사업자로도 충분하다. 하지만 정부에서 예산을 지원을 해주는 '스타트업 사업화지원사업'의 경우에는 대부분 '법인 설립'을 목표로 하는 창업자들을 대상으로 하고 있다. 사업 규모가 커져 더 많은 일자리를 창출할 수 있도록 하는 것이 사업화지원사업의 핵심 목표이다. 따라서 예비 창업자는 자신이 팀을 구성할 능력이 있음을 사업계획서에서 보여주어야 한다.

간혹 팀 구성에 관한 심사위원의 질문에 "사업에 선정되면 팀원의 합류를 모색하겠다"고 답변하는 창업가가 있는데, 차라리 "이 아이템은 누구와 논의하다 탄생했으며 그 사람은 어떤 역할을 해주고 있다" 이렇게 솔직하게 이야기하는 것이 더 낫다. 창업 전 직장 생활이나 사회 경험이 있다면 어떤 사람과 일을 했고 그 사람은 향후 어떤 식으로 결합할 예정이다, 정도의 이야기를 하는 것도 괜찮다.

## 사업할 의지를 제대로 보여줘야

창업지원프로그램에 참여하는 심사위원들은 기본적으로 의심이 많다. 기관으로부터 부탁받은 미션은 크게 성장할 창업가들을 선발하는 일이겠지만 한편으로는 지원 사업을 그저 돈벌이나 시간을 벌기 위한 수단으로 이용하려는 가짜 창업자를 가려내려는 것도 있다. 이처럼 창업 의지가 없는 사람들을 가려내는 것이 심사위원 입장에서 무척 중요한 일이다. 따라서 예비창업자로서 창업할 의지가 얼마나 있는지 보여주는 것은 핵심 중의 핵심이다.

'창업 의지'는 문서로 보여주기 애매한 것이기 때문에 막연할 수 있다. 이미 이전 직장을 퇴사하고 창업에 도전하는 것이라면 회사를 그만뒀다는 사실 자체가 임팩트 있는 의지의 표명이지만, 예비창업패키지(기술 창업 아이템이 있는 예비창업자를 위해 사업화 자금, 창업 교육, 각종 멘토링 등을 지원하는 것을 말함)라면 직장을 그만두는 것이 필수는 아니기 때문에 의지를 보여주겠다고 무턱대고 퇴사를 결정할 필요는 없다.

그리고 내용이 조금 부족하더라도 사업 내용을 담은 홈페이지를 준비하여 심사위원들이 현장에서 확인할 수 있도록 해주는 것도 의지를 보여줄 수 있는 좋은 방법이다. 요즘은 개발자가 아니더라도 홈페이지 구축이 쉬운 만큼 어느 정도 성의를 보인다는 점에서 좋은 점수를 얻을 수 있다. 또한 특허출원 또는 가출원이 담긴 출원사실증명원, 창업할 기업명 또는 서비스 이름을 담은 상표권, 만들게 될 제품의 외관을 담은 디자인권 등도 함께 제출한다면 창업 의지는 충분히 전달되었다 말할 수 있다. '내돈내산'이라는 말처

럼 소액이더라도 자기 사업아이템을 지킬 수 있는 IP(지식재
산권) 확보에 투자한 것만큼 확실한 의지를 보여주는 것도
없다.

## 사업 소요 기간과 예산 계획이 명확해야

대다수 창업가들이 사업계획서에서 가장 많은 지적을 받
는 부분이다. 소요 기간과 예산은 사업계획서 마지막 부분
에 위치한다. 마지막이라 그런지 집중력이 떨어져 부실하
게 기재되는 경우가 종종 있다. 사실 기간과 예산은 정확한
추정이 어렵다. 하지만 엉터리로 작성되면 사업 추진에 강
한 의구심을 받게 된다. 명확하지 않은 시간이나 예산을 대
충 적는 것보다는 시제품이나 프로토타입 제작 일정, 초기
사업 모델의 시장 런칭 일정 등을 현실감 있게 제시하는 것
이 더 나을 수 있다.

사업에는 정답이 없다. 하지만 사업계획서는 창업가의
진정성을 보여줄 수 있는 첫 번째 산출물이다. 그래서 어느
정도의 문서 작성 노하우는 갖고서 쓰는 것이 좋다. 이곳에
서 언급한 일곱 가지를 반드시 신경 쓰고 사업계획서를 작
성하자.

# 5. 네이밍 하기

나의 제품이나 서비스를 한 단어로 설명할 수 있는가? 10초 안에 고객의 뇌리에 나의 존재를 새기기 위해 가장 필요한 것이 바로 '네이밍'이다. 네이밍을 한답시고 창업가가 좋아하는 단어, 그냥 멋있는 단어, 좋은 뜻을 가진 단어로 네이밍을 해서는 안 된다. 고객들이 쉽게 기억할 수 있는 이름으로 네이밍을 해야 한다.

앱스토어에 올려져 있는 100만 개의 앱 중 고객으로부터 선택받는 앱은 과연 몇 개나 될까? 설사 선택이 되었다 하더라도 또다시 스마트폰 속 다른 앱들과 경쟁해야 한다. 만약 이곳에서도 선택을 받지 못해 앱 서랍 속에서 잠만 자고 있다면, 아무런 소용이 없다. 사용자가 "그거 뭐였더라?" 이렇게 떠올리기만 할 뿐 기억하지 못한다면 결국 아무 의미도 없는 것이 된다. 돈을 벌지도 못하고 사업으로서의 존재 이유도 상실되어 버린다.

다운로드 수나 회원가입자 수가 중요한 것이 아니라 우리 서비스를 '기억'하고 우리 서비스에 '접근'하는 것이 중요하다. 이 힘은 잘 만든 이름에서 나온다. 야후, 구글, 페이스북이 잘 됐던 이유는 사람들이 기억하기 쉬운 '성공적인 이름'(브랜드)를 보유했기 때문이다. 고객이 외우기 어려운 이름이라면 그 서비스는 더 이상 확산되기가 어렵다. 그래서 내가 만드는 서비스를 한 문장이 아니라 한 단어로도 설명할 수 있어야 한다.

하루에도 수많은 투자요청 제안을 받는 투자자(정확하게는 투자심사역)의 머릿속에 남을 만한 이름을 보유한 스타트업은 경쟁자들에 비해 유리할 수밖에 없다. 몇 초 순간에 모든 것이 결정되는 '엘리베이터 피치'(Elevator Pitch)에서 듣는 사람(투자자)의 호기심을 이끌어내는 이름은 다른 어떤 것보다도 중요하다. 투자자가 스타트업 이름(회사명) 또는 서비스명을 외우기 어려워한다면 결국 투자는 물 건너가는 것인지도 모른다.

어떻게 하면 기억하기 쉬운 이름을 만들 수 있을까? 지금부터 기억하기 쉬운 이름(브랜드명, 서비스명, 제품명)을 만드는 다섯 가지 원칙을 하나씩 살펴보자.

## 서비스가 연상되는 신조어를 만든다

1996년 래리 페이지와 세르게이 브린은 페이지랭크라는 검색 기술을 개발했다. 웹사이트의 중요도를 연결되는 백링크가 얼마나 많은지 보고 검색 결과의 순서를 보여주는 기술이다. 이 특허가 구글의 성장 기반이 되었다는 이야기는 너무나도 유명하다. 하지만 정작 이들이 스타트업이었던 시절 엘리베이터 피치에서 투자자를 주목(기억)시켰던 것은 복잡한 기술적 알고리즘이 아니라 구글이라는 이름과 이들이 제시한 비전 때문이었다.

10의 100 제곱을 뜻하는 수학 용어 구골(googol)을 기재하는 과정에서 오타로 만들어진 구글(google)이라는 단어가 만들어졌다. 그렇지만 결과적으로는 투자자에게 깊게 각인이 되면서 투자유치의 기회를 얻게 된다. 불교철학에서 말하는 세상에서 가장 큰 수인 '무량대수'는 10의 68승이고, 구글의 모태가 된 구골은 10의 100승이다. 구글의 창업자들은 스타트업 창업 당시 구글이라는 무량대수를 연상케 하는 신조어를 회사명으로 결정하면서 인터넷의 광범위한 (10의 100승에 가까운) 정보를 모두 담겠다는 의지를 정확히 표현했고, 모든 인터넷 사용자들에게도 세상을 바꾸려는 자신들의 의지를 정확히 전달할 수 있었다.

미국에서 유명한 이미지 및 관심사 기반 소셜네트워크

서비스인 핀터레스트는 핀(Pin)과 인터리스트(Interest)를 조합한 신조어이다. 이들은 개인이 콘텐츠를 '즐겨찾기'하면 이를 핀보드 스타일의 플랫폼에 올려 사용자로 하여금 특정 주제의 사진들을 수집 관리할 수 있도록 해주었다. '관심'(Interest)을 '핀한다, 꽂아둔다'(Pin)라는 식의 쉬운 설명은 신조어를 쉽게 기억하게 했고 그들의 서비스를 단 한 단어로 표현하는 데 성공할 수 있었다. 그래서 핀터레스트라는 이름을 한두 번만 들으면 모두가 금방 기억한다.

여기서 잠깐! 상표법상 네이밍을 할 때 주의할 점 한 가지만 살펴보자. 해당 서비스를 직접적으로 설명하는 단어만으로 된 이름은 상표권 등록을 받을 수 없다. 이유는 상표법 논리 때문인데, 서비스를 직접 설명하는 보통명사에 가까운 단어를 특정인에게 독점적으로 사용하게 하는 것은 형평성에 맞지 않기 때문이다. 상표권을 받지 못하는 네이밍을 하게 되면 나중에 사업적으로 성공한다 하더라도 경쟁사가 해당 이름을 쓸 수 있으므로 브랜드 보호가 안 된다.

## 파열음을 적절히 사용한다

AppHarbor, Apportable, Beetailer, Bitplay, Comprehend Systems, Custora, DrChrono, Earbits, Fitfu, GiftRocket, Grubwithus, HelloFax, Humble Bundle, Hyperink, inPulse,

Lanyrd, Like.fm, Mailgun, MinoMonsters, Moki.tv, Noteleaf, NowJS, Sendoid, Swipegood, TalkBin, Taskforce, TellFi, Tumult, Tutorspree, Upverter, Venuetastic, WhereBerry, YouGotListings Inc.

위 스타트업들은 미국의 유명 투자사 와이콤비네이터가 투자한 회사 이름이다. 30여 개의 기업 중 5개 정도를 제외하고는 모두 한 단어로 된 회사 이름이다. 또 이 중 21개 기업이 파열음(ㅌ, ㅊ, ㅍ, ㅋ 등) 쓰고 있다. 티몬, 쿠팡, 위메프 등의 소셜커머스 서비스는 물론이고 카카오톡, 틱톡, 왓츠앱 등의 메신저 서비스 그리고 애니팡, 쿠키런, 캔디크러쉬 사가, 컴투스 등의 게임분야의 회사들도 파열음이 포함된 이름을 쓰고 있다. 물론 다음, 네이버 같은 예외도 있다. 개인적 경험에 의하면 파열음이 들어간 '쎈' 발음의 기업 이름은 더 오래 기억에 남는다.

### 자음과 모음을 적절히 배치한다

CPI, KPTX, TDX, MPS 등과 같이 대문자 자음 조합으로 이루어진 브랜드는 기억하기 어렵다. 물론 매스미디어를 통해 대규모 마케팅을 하면 사람들이 쉽게 기억할 수 있지만 그런 방식은 스타트업이 할 수 있는 방법도 아니고, 해서도 안 되는 방법이다. 홍보에 돈이 너무 많이 들어가기 때문이다.

사람들의 머릿속에 기억되는 좋은 단어들은 좋은 어감을 갖고 있다. 이런 단어는 '자음+모음+자음' 또는 '모음+자음+모음' 등의 순서로 되어있다. 예를 들어 Yahoo, Fedex, AVAYA, AVIS, Viber, KAKAO 등이 그런 경우이다. 우리나라의 SPC그룹은 자음 조합의 회사명을 갖고 있다. 그런데 여기서 S, P, C의 뜻이 무엇인지 알고 있는 사람은 그리 많지 않다. 하지만 SPC그룹이 삼립, 파리바게뜨, 배스킨라빈스, 던킨도너츠, 샤니 등의 브랜드를 갖고 있다고 말하면 대부분 사람들은 "아 거기 회사 이름이 원래 그거였어요?"라고 반문을 한다. 아마도 회사 이름을 떠우기보다는 각각의 브랜드가 더 중요했기 때문에 회사 이름을 대문자 자음 조합으로 만든 것 같다.

하지만 스타트업은 대형 그룹사 흉내를 내기보다는 신선하면서 기억에 남을 수 있는 신조어를 만들어서 회사, 서비스 이름으로 쓰는 것이 바람직하다. 다만 대문자 자음 조합 자체가 이미 일반인들에게 유명한 조합인 경우(HOT, LTE, TNT 등)에는 이를 응용한 작명은 검색만 잘 된다면 괜찮은 선택이 될 수 있다. 하지만 회사나 서비스 이름이 유명인 이름과 같거나 유명한 보통명사와 같다면 검색 결과에서 찾아보기가 어렵게 되므로 피해야 한다.

## 검색어 최적화에 맞춰야 한다

SEO(Search Engine Optimization)라는 검색엔진 최적화 테크닉이 마케팅 쪽에서는 상식이 되고 있다. 21세기에 사업하는 사람치고 데스크톱이든, 모바일이든 검색엔진을 통해 고객들을 만나게 되는 것을 부인할 수는 없는 세상이다. 따라서 검색 결과에서 10페이지 이상 뒤로 넘겨야 겨우 우리 회사나 서비스를 찾아낼 수 있는 이름이라면 네이밍을 잘못 했다고밖에 할 수 없다.

그리고 서비스명이나 제품명 중에 과일 이름(일종의 보통명사)을 선택하는 경우도 많은데 일반적으로 검색에서는 굉장히 불리하다. 보통명사들은 원래 단어 의미로 더 많이 검색되기 때문에 회사 이름을 보통명사로 했다가는 소비자들이 검색했을 때 회사 정보가 바로 노출되지 않는다. 일부 단어를 더하거나 몇 글자 바꿔서 '망고스캔'이나 '망고플레이트'로 네이밍을 하는 것은 괜찮지만 제품명을 '망고'라고 해버리면 검색 결과에서 불리한 결과를 얻는 것은 너무나도 자명한 일이다. 해외의 유명인의 이름과 같은 이름을 회사명으로 했을 경우도 검색이 잘 안 된다. 또한, 회사 이름이 한글로 한 글자인 경우에는 구조적으로 검색이 거의 안 되기 때문에 이름 수정을 권장한다.

## 상표권 등록이 가능한 이름(브랜드)으로

기업은 세 가지 이름을 반드시 등록해야 한다. 사업자등록 시 하게 되는 상호등록, 그리고 온라인 주소에 해당하는 도메인등록 그리고 마지막이 상표등록이다.

사업자등록은 법인 설립 시 법인 이름을 등록하는 것이고 동일한 상호를 후발 업체가 등록한다 해도 상법상 제한 사유가 아니면 유사 상호를 막기 어렵다. 도메인 등록은 도메인 등록 서비스 업체의 홈페이지에서 쉽게 할 수 있는데, .com 또는 .co.kr 만 변경해서 등록하거나 대시(-) 등을 이용해 유사하게 등록해도 따로 막을 방법은 마땅히 없다.

하지만 상표는 다르다. 상표 등록은 특허청의 심사(1년 정도 걸린다)를 통과하여 상표권을 획득하는 것을 말하며 상표권을 갖게 될 경우 특허청에 자신의 이름 및 유사한 이름의 등장을 막을 수 있으므로 가장 강력한 방어 수단이 된다. 하지만 모든 단어가 상표 등록이 가능한 것은 아니며, 등록을 받기 위해서는 약 20개에 이르는 항목의 심사를 받아야 한다. 간혹 네이밍 업체에 위탁해서 만든 이름이 상표 등록이 안 되어 소송까지 가는 경우가 있는데, 그만큼 상표 등록이 가능한 좋은 단어 만들기가 쉽지 않다. 반드시 지정 상품과 단어(브랜드)의 상관성을 살펴야 한다.

한 번 들으면 해당 서비스가 연상되면서 기억할 수 있는 신조어 그리고 그 단어를 검색했을 때 검색 결과에 묻히지 않는 단어가 좋은 네이밍이다. 그리고 여기에 상표 등록까지 가능하다면 좋은 브랜드로 클 수 있다. 물론 그 교집합을 찾는 것은 쉽지 않겠지만 서비스나 제품이 가진 특징과 본질을 열 번만 생각해보면 의외로 쉽게 좋은 이름을 떠올릴 수 있다.

# 6. 브랜딩 & 상표출원 하기

브랜딩(Branding)의 사전적 정의는 '브랜드를 붙이다'이다. 기업은 자신의 이름, 서비스, 제품 등을 알리기 위해 마케팅을 하는데 그 이전에 생각해야 하는 것이 바로 브랜딩이다. 브랜딩은 제품과 기타 서비스들이 고객에게 일관성 있게 전달되어 오래도록 기억하게 하는 데에 목적이 있다. 최근에는 브랜딩이 중요한 항목으로 부각되다 보니 브랜딩과 마케팅의 개념을 혼용하기도 하는데, 넓은(장기적 관점) 의미에서 보면 마케팅이 브랜딩의 일부라 볼 수도 있다.

브랜딩은 거시적 관점에서 보면 기업의 이미지를 하나로 통일하는 아이덴티티(Identity) 구축 과정이라 할 수 있다. 미시적인 관점에서 보면 제품이나 회사의 명칭을 정하고 제품 또는 회사 이미지에 맞는 로고를 제작하여 상표를 만드는 일 그리고 더 나아가 제품, 회사 인테리어, 회사 홈페이지 등을 브랜드 이미지와 어울리게 디자인하는 작업도 브랜딩이라 할 수 있다.

기업이나 제품의 브랜딩이 잘 되면 어떤 효과가 있을까? 소비자나 거래자는 기업과 제품에 좋은 감정을 가지게 되고 이는 다시 세련된, 고급스러운, 심플한, 아름다운, 화려한 이라는 감성 단어들과 결부되어 오래도록 기억하는 브랜드가 된다. 그래서 체계적으로 브랜딩이 된 기업과 제품이라면 고객은 그 기업과 제품을 다시 찾게 되고 마케팅 리텐션(Retention, 재구매 · 재방문)으로 연결되는 순환 구조를 갖게 된다.

누가 나에게 가장 좋아하는 브랜드가 무엇이냐고 묻는다면 단연 애플을 꼽는다. 애플은 자신들의 제품을 소개할 때 "이 제품은 이러한 기술을 가지고 있고, 이 기술은 당신의 삶에 이런 영향을 끼칠 것이고, 이 제품의 가격은 얼마다"라고 소개하지 않는다. 그냥 "우리는 이런 제품을 만들었다"라고만 한다. 즉, 제품 그 자체로만 애플을 브랜딩 한다. 가장 어렵지만 가장 본질적인 승부다. 소비자들은 애플의 브랜드만 믿고서 상품을 보지도 않고 구매하게 되는데, 이 정도 수준의 브랜딩이 되려면 꽤 오랜 시간 동안 브랜드와 디자인에 대한 확고한 신념과 투자가 있어야 가능하다.

브랜딩 자체가 회사의 아이덴티티를 구체화 · 체계화 · 외부화 · 공표화하는 과정이기 때문에 브랜드에는 법적 보호 장치가 필요하다. 상표권(Trademark), 디자인권(Design) 등이 그것인데, 법적으로 보호받지 못하는 브랜드라면 아무나 다 쓸 수 있기 때문에 브랜드로서의 가치가 없다고 봐야 한다. 따라서 회사 브랜딩을 고민한다면 법적 보호 수단인 상표권과 디자인권의 등록 가능성 검토를 미리 체크해야 한다. 그리고 글로벌 브랜드로 성장할 계획을 갖고 있다면 해외 등록의 가능성까지도 검토해야 한다.

브랜드는 중요하다. 하지만 브랜드를 독점할 권리인 상표권에 대해서는 무방비인 창업가들이 많다. 최근에는 이런 상표권 방비(防備)가 안 된 기업을 대상으로 '상표 브로커'들이 상표를 선점해버리고 나중에 기업에 비싸게 판매하는 일도 종종 일어난다. 운이 나쁠 경우 이런 문제로 인해 브랜드를 바꿔야 하는 일도 벌어진다.

상표에 대해서 창업가가 꼭 알아야 할 일곱 가지를 따로 정리해보았다. 반드시 기억하자.

### 상표는 먼저 출원한 사람에게 우선권이 부여된다

상표는 먼저 특허청에 상표출원서를 제출하여 등록받은 사람에게 독점적인 사용의 지위가 주어진다. 따라서 아무리 우리 쪽에서 상표를 먼저 '사용'하고 있었다 하더라도

'출원'이 늦으면 상대방이 상표권자가 된다. 이를 '선출원주의'라고 한다. 사업을 실제로 하고 있는지와 무관하게 상표권의 주인이 결정되는 것이라 실제 사업을 하고 있는 창업가 입장에서는 억울할 수밖에 없다. 하지만 사업에서는 누가 먼저냐 아니냐를 따지기가 어려울 때가 많은 만큼 어떤 사업을 시작한다고 결정하게 되면 제품 출시와 서비스 오픈에 앞서 미리 상표출원을 해 두어야 한다.

## 상표는 마케팅에 쏟은 돈과 시간이 담기는 그릇이다

브랜드는 중요하게 생각하면서 상표권은 소홀히 생각하는 기업들이 많다. 특허가 기업의 연구 활동에 사용된 시간과 돈을 담는 그릇이라면 상표는 마케팅에 사용된 돈과 시간을 담는 그릇이다. 기업 활동이 오래될수록 고객의 믿음이 상표에 쌓이기 때문에 회사의 기업가치를 산정할 때 상표권이 재산가치로도 높이 평가된다. 그러니 상표 출원을 잊지 않고 진행해야 한다.

## 선행 상표와 유사한 상표는 등록 받을 수 없다

많은 창업가들이 도메인 구매에 성공하고 상표 또한 쉽게 받을 수 있을 것으로 생각하는데 이는 잘못된 생각이다. 먼저 유사한 분야에 유사한 상표를 출원한 사람이 있다면 그 사람이 사업을 하지 않는다 하더라도 그 사람과 유사한 상표는 등록할 수 없다. 이 또한 먼저 상표를 등록한 사람에게 우선권이 있다는 것과 같다. 그러니 브랜드를 정할 때 미리 충분히 알아보고 여기저기 검색을 해본 다음 정해야 한다. 그렇지 않으면 나중에 회사 브랜드를 급하게 변경해야 하는 일이 생길 수 있다.

### 해외상표는 국내상표 출원 후 6개월 이내에 하면 유리하다

글로벌 비즈니스를 생각하는 창업가라면 국내 상표출원 후 6개월 이내에 해외 상표권 출원도 함께하는 것이 바람직하다. 물론 이 기간을 놓친다고 하더라도 해외에서 상표 출원을 못 하는 것은 아니다. 하지만 국내 상표 출원을 하고서 6개월이 지난 후에 해외 출원을 진행하게 되면 우리나라에서의 출원일을 인정받지 못해 시기적으로 불리한 심사를 받을 수 있다.

### 지정 상품, 지정 서비스업을 신중하게 선택하자

도메인은 사업 내용이 없어도 업체를 통해 도메인 구매를 바로 할 수가 있다. 그런 다음 제품이 나오면 그때 가서 홈페이지를 꾸며도 무방하다. 하지만 상표의 경우에는 개시하려는 사업과 해당 브랜드(상표)와의 관계를 특허청에서 판단하고 상표 등록을 허락해 주기 때문에 업계에서 일반적으로 쓰는 보통 명사와 유사하다면 등록이 거절될 수 있다. 또한 상표법에는 스무 개가 넘는 '상표 등록 요건'과 '거절 이유'가 있기 때문에 사전에 특허사무소를 통해 충분한 논의를 거친 다음 신중하게 출원을 진행하는 것이 중요하다.

### 우선 심사 제도를 활용하자

상표 심사는 약 10개월 정도가 소요된다. 하지만 우선 심사를 신청하게 되면 약 2개월 내지 3개월 만에 심사 결과를 받을 수가 있다. 만약 사업 초기에 생각 이상으로 잘 되고 있고 경쟁사들에 의해 유사 브랜드가 등장하고 있다면 우선심사 제도를 통해 빨리 상표권을 확보하여 유사 상표를 사용하는 경쟁사들에게 경고장을 발송하는 것이 최선의 방어 전략이다.

### 중국, 미국 상표는 처음부터 신경 쓰자

중국은 국내 총생산의 8배, 미국은 국내 총생산의 13배의 시장을 가지고 있다. 물론 상표출원에 들어가는 비용도 국내 상표 출원 비용보다 3배 또는 5배 정도가 비싸다. 하지만 중국과 미국이 세계 시장에서 상당한 파이를 차지하는 만큼 해외 시장을 고려한다면 처음부터 브랜드에 관한 권리를 확보해 두는 것이 중요하다. 특히 중국에는 제3자에 의해 내 상표보다 모방 상표가 먼저 출원되더라도 이를 막을 방법이 거의 없기 때문에 각별히 신경을 써야 한다.

상표권은 기업의 브랜드를 보호하는 갑옷이다. 강한 상표권을 사전에 확보하지 못하면 언제든 위기에 봉착할 수 있다. 그리고 확보된 상표권은 브랜딩의 기초 자산이 된다. 나의 사업이 계속해서 번창하려면 상표권 확보가 반드시 필요하다.

## 7. 메일 주소 정하기

메일 주소를 만드는 것을 사업자등록, 법인등록 등의 '대관업무'(관청을 상대로 하는 일)와는 비교도 안 되는 쉬운 일이라고 생각하는 창업가가 많다. 하지만 너무 쉽게 접근했다가는 낭패를 볼 수도 있는 것이 메일 주소 정하기이다. 아시다시피 잘 만든 메일 주소는 고객이 당신에게 메일을 보낼 때 굳이 주소록을 열고 찾기 버튼을 누르지 않아도 되는 효과를 발휘한다. 그래서 메일 주소는 일종의 네이밍 전략의 연장선에 있다고 보면 된다.

지금부터 '별 게 아닌 게 아닌' 메일 주소 만드는 노하우를 정리해보자.

명함에 @naver.com 또는 @hanmail.net 메일은 쓰지 말자

네이버나 다음에서 제공하는 개인 이메일을 명함에 올린다는 것은 '작가' '소상공인' '프리랜서' 정도의 개인사업자

라면 괜찮겠지만 자기 명의의 회사를 운영하는 창업가라면 "나는 IT 잘 몰라요"라고 일단 한 수 접고 들어가는 것과 같다. 메일 주소는 사이버 세계에서 당신의 이름에 해당한다. 그러니 명함에 회사 도메인 주소로 된 이메일 주소를 넣을 수 있어야 한다. 찾아보면 구글 워크스페이스, 다음스마트워크, 네이버웍스 등 기업 도메인을 메일 주소로 이용할 수 있는 서비스들이 많으므로 이를 신청해서 사용해보자.

### CEO@startup.com 주소는 쓰지 말자

많은 기술창업가들이 CEO라고 된 아이디를 쓰는 경우가 있다. 하지만 실리콘밸리 등 해외 행사에서 외국인들이 보면 웃는다. 명함에 적힌 CEO@startup.com 메일 주소를 보고서는 "당신이 언제까지 CEO일 것 같나?" "씨드 투자 정도 받았나?"라고 농담처럼 물어보는 경우가 많다. 사실 투자를 받고 나면 내가 언제까지 CEO로 행세할 수 있을지 한 번쯤 생각해보는 게 정신 건강을 위해서도 좋다. 실제로 CTO로 밀려나는 경우도 있고 그 외 다른 경우도 많다. 메일 주소가 영문인 것이 당연한 것처럼 아이디를 정할 때도 IT 발상지라고 할 수 있는 미국 문화를 조금 따른다고 해서 나쁠 것은 없다.

## 아이디는 자신의 영문명을 사용한다

나의 메일주소는 Shawn@BLT.kr 이다. 특허법인 비엘티 (BLT)의 Shawn(숀)이라는 뜻이다. 해외 비즈니스가 많을 것을 예상하고 영문 이름인 '숀'을 메일 주소로 사용했다. 하지만 꼭 해외 비즈니스가 없다 하더라도 자신의 영문 이름을 ID로 정하는 것이 가장 좋다. 그리고 간혹 'nick9283'(알고 보면 김철수)와 같은 아이디를 사용하는 경우가 많은데, 이것은 상대방의 기억력을 불편하게 하는 메일 주소 작명법이다. 한마디로 쉽게 기억하기 어려운 아이디라 할 수 있다. 이런 주소를 갖고 있으면 이메일을 보내기 위해 매번 명함앱을 열고 검색부터 해야 한다. 그러니 가능하다면 당신 영문 이름을 숫자 부가 없이 사용하는 것이 가장 좋다. 한글 이름의 앞글자를 사용하는 것도 나쁘지 않으나, 외국인 입장에서는 '김철수'의 성과 이름을 함께 기억해 내야 cskim@startup.com 라고 입력할 수 있으니 무척 어려운 일이라 할 수 있다. 국내 비즈니스만 하는 경우라면 상관없으나 글로벌 진출을 위해서라면 '영문이름@회사도메인' 방식으로 아이디를 정하는 것을 추천한다.

## 메일 제목에 [머리말]을 반드시 작성하자

메일 제목에 머리말(혹은 말머리) 없이 메일을 보내는 창업가들이 너무 많다. 최근 메일 광고 트렌드에 의하면 스팸 메일들이 [ ] 또는 ( ) 형식의 머리말을 사용하지 않고 'Re:' 'FW:' 등의 페이크 제목을 사용하기 때문에 [BLT] 또는 [특허법인 BLT]처럼 쓰거나 [회사명+프로젝트코드] 등을 사용하는 것이 오히려 광고로부터 분리되어 보인다. [머릿 말]을 사용해서 메일을 보내게 되면 상대방이 메일함에서 검색하기도 편하고 검색의 정확도도 높아진다. 그래서 비즈니스 관계에서 좋은 인상을 남길 수 있다. '휴대폰 부품 거래'라는 키워드를 제목으로 넣되, [회사명] 머리말 표기를 하면 받는 사람 입장에서 더욱 직관적이라 할 수 있다.

### 발신처나 연락처를 남기는 서명을 반드시 표시하자

간혹 스타트업과 일을 하다 보면 급박한 도움 요청 메일을 받는 경우가 종종 있다. 그런데 회신을 하려고 했더니 연락처가 없어 난처한 적이 몇 번 있었다. 결과적으로 도움을 요청한 분도 적절한 조치를 재빨리 받지 못했다.

이런 일을 겪지 않으려면 메일에 반드시 회신 주소나 연락처를 빼먹지 않고 남겨야 한다. 메일 하단에 연락처나 자기소개를 붙이는 것을 '서명'(Signature) 혹은 '푸터'(Footer)라고 한다. 푸터 설정은 메일 시스템의 환경 설정에서 쉽게 할 수 있으므로 최소한의 비즈니스 예절이라고 생각하고 연락처, 직급 등을 표시하도록 하자. 부분적으로 컬러 텍스트를 넣는 것도 좋으며 회사를 소개하는 영상이나 홈페이지 주소나 SNS 채널 주소 등도 같이 붙여주는 것도 좋다. 사업적으로 중요한 기회나 연락은 언제 어떻게 찾아올지 모른다.

## 메일 서버를 신중히 결정하자

마지막으로 메일 서버에 관한 것인데, 어떤 것을 쓸지는 창업자의 선택이지만 구글에서 제공하는 기업형 메일 서비스인 '구글 워크스페이스'가 속도도 빠르고 가장 안정적이다. 하지만 중국에서는 구글 서버와 서비스들이 차단되어 있기 때문에 중국 비즈니스를 많이 하는 사람에게는 별로 권하고 싶지 않다. 국내 기업형 메일 서비스도 최근에 많이 좋아졌고 마이크로소프트의 기업용 서비스도 훌륭하다. 물론 무료 도메인 서비스는 딱 무료를 쓸 수 있을 만큼만 각종 서비스가 제공된다. 그러니 형편이 된다면 유료 서비스 이용을 검토하는 것이 좋다.

메일은 당신의 이름표이자 가장 부담 없고 정확한 비즈니스 커뮤니케이션 채널임을 잊지 말자. 소소하다 생각하지 말고 조금만 신경을 더 써보자. 사업 성공의 확률이 더욱 높아진다.

# 8. 코파운더(Co-Founder) 구하는 법

좋은 기술을 가진 창업자가 혼자서 사업을 시작할 때, 당장은 자기 사업보다 외주 개발을 대행하거나 프리랜서로 일하는 경우가 있다. 실제로 내가 투자했던 어느 기업도 창업하고 반년 동안은 다른 회사 제품을 대신 개발해주거나 연구 과제를 받아 외주로 개발하는 일을 주로 했다. 좋은 기술을 가진 창업가일수록 자기 사업을 하기 전에 일단은 생활비라도 벌어야겠다는 마음으로 기술 용역을 한다. 그런데 이건 나의 시간을 다른 사람의 돈과 바꾸는 것으로 취직해서 월급을 받는 것과 크게 다르지 않다.

이런 경우 '외주' 그 이상도 이하도 아니며, '스타트업'이라고 말하기도 어렵다. 물론 외주 개발을 하면서 사업 자금을 확보하고 그렇게 버티다 제대로 비상하는 경우도 있지만 확실한 사업 아이템 없이 자기 기술만 믿고서 하는 창업은 서비스 용역 사업에 가깝다. 그리고 그렇게 누군가의 아이디어를 구현해주는 일만 하게 되면, 결국 한 사람의 개인기에만 의존하게 되어 회사가 성장하더라도 투자자들은 그런 회사에 더 이상 투자하려고 하지 않는다.

기술창업은 절대 혼자서 성공할 수 없다. 사업계획과 비즈니스모델을 갖추고 있다 해도 1인 기업으로 투자받을 수 있을 거라는 생각은 버려야 한다. 중요한 것은 재능 있는 개발자(창업가)가 아니라 사업을 만들 팀이다. 그래서 대부분 투자자들은 아이템보다 '팀을 만들 수 있는 리더십을 가진 대표'를 사업계획서나 특허보다 더 중요하게 본다. 비즈니스 모델과 사업 계획은 전장에 도달하기 직전까지의 계획이고 실제 전장에서 전쟁을 수행할 팀원이 없다면 그것은 한 편의 소설에 불과하다.

지금부터는 전쟁터에 함께 뛰어들 창업 동지(코파운더, Co-Founder)를 구하기 위해 어떤 노력을 다해야 하는지 살펴보자.

### 누구를 모셔야 할지 고민해라

스타트업을 하는 이유는 '지분의 가치' 때문이다. 회사의 발전에 맞춰 투자자도, 스톡옵션을 받은 직원도, 창업가도 자신의 지분 가치가 커지길 원한다. '조금 더 받는 월급'이 아니라 '인생 퀀텀 점프'라 할 수 있을 정도의 금전적 보상을 원한다. 물론 스타트업이라고 해서 무조건 돈을 최우선 가치로 여기며 창업하지는 않는다. 하지만 돈은 무척 중요한 문제이고 공동 창업자들과는 적절한 지분 관계를 유지하는 것이 중요하다.

스타트업이 해체되는 사례 중 잘 되는 국면에서 조직이 깨지는 경우가 있는데, 능력이 부족하거나 필요하지 않은 인원이 코파운더로 참여했다 향후 그 직원이 가져가는 지분의 가치를 두고 서로 다툼이 생기는 경우이다. 이런 잡음을 없애고 모든 직원들이 공정하다고 여기는 정도가 되려면 지분을 나눠줘야 하는 코파운더를 최소 인원으로 하는 것이 좋다.

### 기획자가 반드시 필요하다

기획자가 없으면 사업이 자리를 잡는데 오랜 시간이 걸릴 수 있다. 기술 창업가들은 같은 연구소 출신의 개발자들끼리 의기투합해서 창업하는 경우가 많다. 최근에는 창업 프로그램이 잘 되어 있어 퇴사 전에 자신이 생각했던 아이템을 서류로 간단하게 정리해서 창업 지원 프로그램에 신청한 다음 선정이 되면 그때 가서 퇴사하는 경우도 많다. 그러다 인건비를 조달할 수 있는 정부지원사업 또는 정부출

연연구과제 등에 추가로 선정이 되면 매출이 발생하게 되면서 나머지 멤버들도 합류한다.

그런데 이 같은 방식의 창업이라면 기술자 출신의 대표는 사업 초기 1년 동안 서류 작업만 하게 된다. 그러면 대표의 역량 대부분은 과제 따기와 제안서 작성에 투입되고 정작 자기 사업은 시작도 못 하게 된다. 기술자로만 구성된 스타트업의 경우에도 마찬가지로 비즈니스 모델(수익 모델)이 제대로 다져지지 않아 매번 외주 일만 하기도 한다. 따라서 기술창업이라고 하더라도 비즈니스 모델을 잡아주고 마케팅과 사업 전략을 함께 고민하며 각종 제안과 서류 작업들을 같이 할 기획자가 반드시 있어야 한다.

### 무엇을 줄 것인지 확실히 하라

"나중에 잘되면 꼭 챙겨주겠다" "나는 그런 사람이 아닌 거 알지 않느냐"라고 이야기하는 사람 중에 정말 나중에 챙겨주는 경우 잘 없다. '나중에'가 언제인지 '챙겨줄' 대상물이 무엇인지 분명히 이야기하지 않는 리더는 신뢰받을 수 없다. 우리 팀(회사)에 합류하게 된다면 당신의 기여가 어떤 것일지 분명하게 설명하고, 그에 맞춰 챙겨줄 대상물은 무엇인지 공증까지는 아니더라도 서면으로는 반드시 약속을 해주는 것이 중요하다.

## 실력이 있는지 테스트하라

가장 난감한 경우는 추천으로 만났고 몇 번 만나다 보니 괜찮은 실력인 것 같아 합류했는데 막상 뚜껑을 열어보니 생각만큼 실력이 없는 경우이다. 스타트업 초기에는 아무도 합류하지 않을 것 같은 절망감 때문에 쉽게(무상으로) 지분을 주는 경우도 있다. 일단 지분을 나눠 주게 되면 상환 조건이 있지 않은 한, 췄던 주식을 다시 회수하기는 어렵다. 그런데 문제는 합류하기로 한 사람이 내 생각과 달리 업무 능력이 모자라거나 같이 일하는 코드(케미)가 안 맞아 더 이상 같이 일하기가 어려울 때이다. 따라서 지분을 줄 정도로 좋은 인재의 합류라고 생각한다면 돈이 조금 더 들더라도 서로를 위해 충분한 '테스트 프로젝트'를 하는 것이 바람직하다.

마케팅 능력이 있다고 알려진 사람이라면 작은 규모의 프로젝트를 같이 해보자고 제안해서 3개월에서 6개월짜리 프로모션을 함께 해보는 것이 좋다. 개발자로 추천받은 사람이라면 한두 달 정도 만에 소화할 수 있는 간단한 프로젝트를 해달라고 하면서 실력을 테스트해보는 것도 좋다. 기획자라면 멘토링 요청을 해서 창업가가 작성한 사업계획서 등에 의견을 달라고 하면서 기획자의 실력을 느껴 보는 것도 좋다. 이처럼 작은 프로젝트를 통해 서로 '합'을 맞춰보

는 과정은 누군가를 합류시키기 전 서로를 위해 꼭 필요한
일이다.

## 매달리면 안 된다

이성 간에도 상대에게 사귀자고 매달리면 있던 매력도
달아나 버린다. 뚜렷한 계획도 성과도 없이 무조건 "나를
믿고 합류해줘!"라고 끊임없이 구애하는 것도 사실 코파운
더를 구하는 좋은 전략은 아니다. 마음에 드는 코파운더 후
보가 있다면 오히려 "내가 이러이러한 사업 모델을 가지고
있는데 멘토링을 좀 해달라"라고 요청하는 것이 더 나을 수
있다. 직장 선배든 학교 후배든 "나의 계획에 대해 당신의
귀중한 의견을 듣고 싶다"고 청하는 것인데, 여기에 시간을
내주지 않을 사람은 없다.

일단 당신의 사업 모델을 들고 코파운더 후보에게 찾아
가 의견을 구해본다. 그러면서 사업 모델이 상대방의 화룡
점정에 의해 완성되는 것처럼 느껴지게 한다. 당신의 사업
아이디어에 이것저것 조언을 해주는 과정에서 코파운더 후
보는 사업에 대한 최소한의 애착이 생긴다. 사업 아이디어
는 이미 서로가 같이 만든 '브레인 차일드'(Brain Child, 두뇌의
소산)가 되기 때문에 "한 번 같이 해볼까?"하는 마음의 돌이
구르기 시작한다. 여기서 한 발짝 더 나아가 특허 출원 시

공동 출원을 하거나 공동 발명자로 이름만 넣어준다고 하면 삼고초려(삼국지의 고사로 유비가 제갈량을 세 번이나 찾아갔다는 것에서 유래) 효과는 반드시 일어난다(발명자를 추가한다고 해서 특허권의 지분을 제공해야 하는 것은 아니다).

"내가 만든 이 사업 아이템은 완전 대박이니까 믿고 합류해줘"라고 수십 번 이야기하는 것보다 상대방을 높이며 의견을 구하고 동시에 멘토링 받는 방식이 코파운더의 합류 가능성을 더욱 높인다.

일본 전국시대의 3대 영웅 중 하나인 도쿠가와 이에야스의 일대기를 다룬 책 『도쿠가와 이에야스』(구판 제목은 『대망』)을 보게 되면 도쿠가와가 이런 말을 한다. "힘으로 나에게 투항한 사람은 내가 힘이 약해지면 나를 떠난다. 돈 때문에 나에게 복종하는 사람은 더 많은 돈을 주는 사람이 등장하면 그쪽으로 떠난다. 하지만 마음으로 사로잡은 사람은 어떤 일이 있어도 절대 나를 떠나지 않는다. 이것을 '심복'이라고 한다." 코파운더를 구함에 있어 이보다 좋은 명언은 없다. 동업자를 원한다면 그 사람의 마음을 얻어야 한다.

## 9. 개발자 구하는 법

스타트업 투자자로서 내가 가장 많이 받는 부탁 중 하나는 "개발자 좀 구해주세요"이다. 그런데 개발자 구하기는 나에게도 가장 어려운 일 중 하나이다. 창의적인 개발자들은 창업을 하고, 수동적인 개발자들은 직장을 다닌다. 그래서 이들 사이에서 좋은 사람 찾기는 하늘의 별 따기 만큼이나 어렵다.

아래의 팁들은 통상적인 것이라고 볼 수도 있지만 나름 개발자 구하기에 성공했던 경험도 있는 만큼 참고하면 좋을 것 같다. 뛰어난 개발자를 구별하고 회사로 데려오는 방법이다.

### 개발자를 수단으로 보지 말자
생각보다 많은 스타트업 대표들이 개발자를 부품이나 수

단으로 보는 경우가 많다. "개발자를 갈아 넣는다"라는 표현을 한 번이라도 해본 적 있는 창업가라면 반성부터 해야 한다. 개발자들은 창업가의 꿈을 실현시켜주는 수단이 아니다. 그들은 팀원이면서 동시에 사업이라고 하는 머나먼 항해를 함께 나서는 소중한 동료들이다. 누군가를 투입해서 성과를 만든다는 '대기업 마인드'를 갖고 있다면 좋은 개발자들이 절대 합류하지 않는다. 당신도 기술 베이스의 개발자였던 적이 있었다는 것을 반드시 상기하면 좋겠다.

### 연봉 이외에 무엇이 있는지 확인하자

스타트업에서 네이버, 카카오 등의 대기업보다 더 높은 연봉을 주기는 어렵다. 자본금이 한정된 스타트업이 어떻게 네이버, 카카오 보다 더 높은 연봉을 줄 수 있겠는가? 어찌보면 지금 당장 창업가가 개발자에게 줄 수 있는 것은 '꿈' 밖에 없다.

많은 스타트업 대표들이 "우리가 정부 과제를 땄으니 월급 걱정은 하지 마라"라고 이야기한다. 하지만 입장을 바꿔서 생각해보자. 기간이 정해진 정부 과제를 하려고 잘 다니고 있는 회사의 안정적인 연봉을 포기할까? 설사 정부 과제를 운운한다 하더라도 "정부 과제에 선정될 만큼 훌륭한 기획이고 멋진 사업이다"라고 어필하는 것이 차라리 더 나을 수 있다. 꿈은 멋져야 하고 실행계획은 농밀해야 한다. 연봉을 충분히 못 준다면 대신 지분이라도 줘야 한다.

## 우리 회사에 대한 설명이 충분한가

요즘 시대에 네이버나 구글에서 회사 이름을 검색했는데, 관련 자료 하나 안 나오고 홈페이지도 없고 블로그도 없다면 누가 그 회사에 오려고 할까? 아마도 무슨 '유령 회사'처럼 생각할 것이다. 최소한 회사 관련 보도자료, 기사 하나 정도는 걸려 있어야 한다.

회사 홈페이지에는 회사소개서가 PDF로 올라가 있어 누구나 쉽게 다운 받을 수 있어야 한다. 다들 잘 알겠지만 개발자 엔지니어 친구들은 지인에게 전화해서 이런저런 레퍼런스를 체크하는 것보다 모니터와 키보드로 검색하는 것을 훨씬 더 선호한다. 회사 이름을 입력했는데 아무것도 나오지 않는다면 "나를 유령회사에 추천했나?"하고 오히려 소개해준 사람에게 섭섭함을 표한다.

그러니 회사 홈페이지도 없으면서 무턱대고 개발자 소개를 주변분들에게 부탁하지 말자. 적어도 회사 소개 자료 정도는 만들어 놓고 부탁을 하자. 그리고 중간에서 추천을 해준 사람에게는 반드시 감사함을 나중에라도 표시해야 한다. 감사함을 잊은 사업가에게 성공은 먼 나라 이야기이다.

## 카톡으로 전달하기 쉽고 깔끔하게

요즘은 카카오톡으로도 개발자 추천을 해달라는 요청을 가끔 받는데 어떤 일을 하는 회사인지, 어떤 분야의 엔지니어를 채용하는 것인지, 이력서로 회신 받을 연락처는 무엇인지, 회사를 설명하는 블로그 URL은 어떻게 되는지 등의 정보를 잘 정리해서 알려주어야 한다. 그래서 중간에서 추천해주는 사람이 대상자에게 쉽게 해당 정보를 토스할 수 있어야 한다. 전달되는 내용이 한눈에 보이도록 깔끔하게 되어 있으면 추천하는 사람도 추천을 받는 개발자도 호감을 갖고 커뮤니케이션을 하게 된다.

## 시작하는 사업의 기획이 충분해야

개발자를 채용하는 경우뿐만 아니라 외주 개발을 의뢰하는 경우에도 마찬가지다. 사업 기획의 완성도가 부족하면 채용 진행이 안 된다. 처음에는 술과 고기를 사주면서 창업가 자신이 얼마나 뛰어난 대표이고 리더인지 어필하는데 성공할 수 있겠으나, 초기 사업 기획이 명확하지 않으면 개발자는 곧 떠나게 된다. 무엇을 할 것인지 언제까지 할 것인지 수익 모델은 언제 워킹되는지 미래가 불투명하면 개발자는 오려고 하지 않는다. 사업 기획은 물론이고 특허 침해 상황에 몰리지는 않는지 등의 세세한 준비가 있어야 한다.

아직 사업준비가 철저하지 못하다면 채용했으면 하는 개발자에게 조언을 구하면서 '함께하는 느낌'을 주는 것도 중요하다. 개발자 중에는 코딩을 잘하는 것은 물론이고 기획을 잘하는 개발자도 많다.

### 신입 개발자들을 잘 모셔라

대부분의 스타트업 대표들은 경력자를 선호한다. 뭐 그건 어쩔 수 없는 일이라 하겠지만 문제는 경력이 있는 개발자는 스타트업에 잘 오지 않으려 한다는 것이 문제다. 그러다 보니 개발자 구인에 시간이 걸린다. 그런데 차라리 그 시간에 초보 개발자를 채용해서 같이 일을 시작한다면 어떨까? 이미 경력 개발자가 되었을지도 모른다.

스타트업 초창기에 함께한 초보 개발자는 우리 사업에 대한 이해와 열정이 높을 수밖에 없기 때문에 집중력만 있다면 성장 속도는 어느 누구보다도 빠를 수 있다. 그래서 어떤 때에는 신입이나 초보 개발자들을 합류시키고 그들의 성장을 적극적으로 돕는 것이 이직이 잦은 경력개발자를 돈 많이 주고 데려오는 것보다도 나을 수 있다. 특히 외주 개발을 알바처럼 하는 것에 익숙한 경력 개발자는 함께 장기적으로 성장하지 못할 수도 있다. 새로 취업하는 회사에서도 동일하게 그런 식으로 일할 가능성이 있기 때문이다. 물론 새로운 사업에 대한 열정이 더해지면 달라질 수는 있다.

### 개발에 대한 이해도를 스스로 높여야

스타트업 대표들 중에는 데모데이에서의 발표는 곧잘 하는데, 막상 심사위원 입장에서 질문하다 보면 기술에 대한 이해가 부족한 경우가 있다(간혹 기술 아이템으로 창업한 창업가인데도, 질문을 계속 하다 보면 자신이 아는 기술이 아니라 어디서 주워들은 기술을 갖고 와서는 아는 것인 양 말하는 경우가 있다). 물론 대표가 기술에 대해 완벽한 이해를 하고 있어야 하는 것은 아니다. 하지만 일종의 '대표병'에 걸린 창업가들의 경우 조금만 파고 들어가면 기술 개발에 대한 관심도 없거나 개발에 대해 알려고도 하지 않는다는 것을 알 수 있다.

대표가 CTO나 개발자처럼 모든 개발 사항을 세세히 알 필요는 없다. 하지만 좋은 개발자를 데려오기 위해서는 그리고 이미 채용한 개발자들의 성장을 돕기 위해서는 지속적으로 공부하는 모습을 보여주는 것이 필요하다. 기본적인 기술용어도 이해하지 못하는데 어떻게 개발자들을 리딩할 수 있겠는가. 공부하자.

### 멘토 개발자가 조직 내에 있는지

젊은 개발자들은 멘토급의 개발자가 조직 내에 이미 자리잡고 있는지 여부를 굉장히 중요하게 생각한다. 만약 그런 선배 개발자가 없다면 배울 게 없다고 생각하고 합류하려고 하지 않는 경우도 많다. 그러니 우리 스타트업에 오면 누구에게 무엇을 더 잘 배울 수 있는지 잘 설명하는 것이 중요하다. 그러면 채용 가능성도 높아진다. 특히 좋은 CTO가 있다면 젊은 개발자들은 그와 함께 일하고 싶다는 마음이 더욱 들 수밖에 없다.

개발자마다 원하는 게 다를 수 있다. 네이버, 카카오에서 아무리 높은 연봉을 받았다 하더라도 월급 받는 삶에서 벗어나고 싶은 욕망을 갖고 있는 개발자도 있다. 아직은 작은 배이지만 자신이 설계하고 만든 배를 타고 대서양을 건너 신대륙을 발견하고자 하는 꿈을 갖고 있는 이들도 있다. 이들은 선장을 잘 만나고 싶다는 생각을 분명히 한다. 멋진 사업 기획이라는 보물 지도를 봤다고 생각하는 개발자라면 안정적인 곳에서 연봉을 많이 받고 있다 하더라도 마음이 동하기 마련이다. 여러분 회사에 좋은 개발자가 합류하길 기원한다.

# 10. 리더의 글쓰기

스타트업 대표를 하다 보면 생각보다 글을 써야 하는 일이 많이 생긴다. 회사의 철학과 방향을 조직 구성원들에게 전달해야 할 때도 있고, 주주들에게 서한을 보내야 할 때도 있다. 글을 써서 블로그나 홈페이지 등으로 업데이트하게 되면 검색이 되고 내 생각이 세상에 알려지는 계기가 된다. 글을 써야 창업가인 나의 이야기, 우리 회사 이야기가 세상에 알려진다. 글은 유튜브 영상을 제작하는 것처럼 어렵지도 않고 시간이 오래 걸리는 일도 아니다. 그러니 글쓰기를 안할 이유는 없다.

누군가의 마음을 움직여야 비즈니스가 시작되는데, 그런 점에서 글쓰기는 단 한 줄의 글로 소비자의 마음을 사로잡는 힘을 발휘한다. 하지만 반대로 한 줄 글 때문에 회사가 위기를 겪을 수도 있다. 글 하나가 회사의 이미지를 올리기도 반대로 회사의 이미지를 실추시키기도 한다. 그래서 스타트업에 투자한 투자자들은 자주 자신이 투자한 창업가의 페이스북을 들여다본다.

사실 글은 전달 도구이기 이전에 생각을 정리하는 사유의 도구라고 하는 게 더 맞다. 글은 머릿속으로 생각을 정리하고 논리적인 사고를 할 수 있도록 돕는다. 실제로 영상을 촬영하고 편집을 하는 과정에서 시나리오를 쓰거나 아웃라인을 잡기 위해 글을 쓴다. 유튜브, 팟캐스트 등으로 영상과 음성 콘텐츠가 실시간으로 전달되는 시대라 하더라도 글은 여전히 가장 중요한 지식 전달 도구이자 생각 정리 도구의 역할을 한다. 엔지니어 출신 창업가라 하더라도 고객들을 향한, 주주들을 향한, 팬들을 향한 글을 자주 쓰는 것이 사업 성장은 물론이고 자신의 성장에도 도움이 된다.

발명가, 디자이너들의 아이디어와 생각을 글로 만들어주는 변리사 일을 하면서 그리고 신문과 방송 등으로 글을 기고하는 칼럼리스트로 활동하면서 작게나마 깨우친 '스타트업을 위한 글쓰기 전략' 다섯 가지를 공유해 보겠다. 글쓰기를 해보고자 하는 리더는 참고하면 좋겠다.

### 제목에 승부를 걸자

제목에 사활을 걸어야 한다. 인터넷상에는 수많은 글들

이 존재하는데 독자의 클릭을 유도하는 것은 결국 '제목'이다. 사람들이 구글이나 네이버 등과 같은 검색 엔진을 이용하는 이유는 특정 영역의 정보를 최대한 더 효율적으로 알고 싶어서이다. 따라서 '글을 찾는 사람'들은 검색 결과 화면에 나타난 제목들을 보고 어떤 글을 읽을지 선택한다. 다들 경험해봤겠지만 잘못된 글을 만나면 괜히 시간만 빼앗긴다. 그래서 제목과 첫 문장 그리고 대표 이미지 등을 보고서 잘 골라 읽으려고 한다. 물론 글을 고르는 데에는 몇 초 정도밖에 소용되지 않지만 말이다.

제목을 정하는 방법에는 여러 가지가 있겠지만 경험상 가장 좋은 방법은 제목에 수요자와 문제점을 드러내는 것이다. 짧은 제목에 이 모두를 포함한다는 게 쉬운 일은 아니지만 해결 방법과 관련된 키워드가 제목에 추가되면 글을 찾는 사람의 관심을 끌 수 밖에 없다. 예를 들어 최근 플래텀(스타트업 미디어)에 기고된 노지혜 변리사의 칼럼 '이커머스에서 살아남으려면 알아야 하는 지식재산권'은 수요자와 문제점 그리고 해결 방법이 잘 담겨있는 제목이라 할 수 있다. '이커머스'는 전자상거래를 하는 수요자를 지칭하고, 이곳의 문제인 치열한 경쟁을 '살아남기'에 적시했다. 그리고 '지식재산권'을 언급하며 해결 방법을 함축적으로 담아냈다. 제목 덕분인지 이 칼럼은 상표권과 디자인권 문제로 네이버나 쿠팡 등지에서 상품 판매 중단을 경험한 분들로부터 많이 검색되어 읽혔으며 네이버, 쿠팡의 지식재산권 신고센터를 통해 자신들의 지식재산권을 보호받고자 하는 스타트업들에게도 많은 호응을 받았다.

글의 제목을 짓는 방법에 관한 좀더 상세한 가이드는 '제목 정하기'로 검색해보면 수많은 사례와 방법들이 나온다. 여기서 또 잘 골라 읽어야 한다는 어려운 점은 있지만, 이 과정을 역으로 생각해보면 내가 특정 글을 골라서 읽게 된 이유와 함께 나는 어떤 제목으로 글을 써야 할지를 생각해볼 수 있는 계기가 된다.

## 쉬운 단어와 짧은 문장을 사용하자

글을 쓰는 사람은 해당 분야의 전문성을 갖추고 있지만 글을 읽는 사람은 그렇지가 않다. 이들은 정보가 부족하기 때문에 검색을 하고 책을 찾아본다. 논문처럼 전문성이 높은 사람들끼리 교환되는 정보들은 전문 용어를 사용해서 시간을 아끼는 것이 바람직하나 온라인상에서의 일반적인 정보 교환은 정보의 비대칭을 해소하기 위한 방향으로 이루어지기 때문에 되도록 쉬운 단어를 사용하는 것이 좋다. 변리사, 전문가들이 사용하는 IP라는 단어가 있는데, 전문가들에게는 'Intellectual Property'로 해석되지만 일반인들에게는 'IP주소'의 IP로 더 많이 해석된다. 그러니 이런 경우에도 IP라는 단어 대신 지식재산권 또는 특허권, 상표권, 디자인권 등과 같은 쉬운 단어로 기재하는 것이 바람직하다.

그리고 콘텐츠 마케팅을 위해 블로그나 칼럼 글을 쓰는 경우 세 문장 이상으로 끊어야 할 것을 하나의 문장으로 표현하는 경우가 있다. 목적어가 두세 번 등장하면서 주어가 어디에 있는지 알 수 없는 기나긴 문장은 읽는 이들을 힘들게 한다. 그리고 의미 전달도 방해한다. 최대한 끊어 쓰거나 짧은 문장으로 쓰는 것이 글을 읽는 사람들을 위한 배려다. 기술에 매몰되다 보면 기술용어만 사용하게 되고 투자자나 대중들이 이해하기에 너무 어려운 용어의 세계로 빠지는 경우가 많다. 하지만 사업은 결국 '세상'을 향해서 하는 것이기 때문에 일반 대중들을 향해 쓰는 글임을 잊어서는 안 된다. 쉬운 용어로 글을 쓰는 훈련을 자주 하자.

### 글의 종류에 따라 다르게 쓰자

시와 수필의 형식이 다르듯 칼럼, 보도자료, 블로그도 각기 다른 형식을 갖고 있는 글이다.

블로그 글은 일단 정해진 형식이 없기 때문에 가볍게 작성해도 큰 문제가 안 된다. 가독성을 위해 유머러스한 이모

티콘과 스티커를 사용해도 크게 문제가 되지 않는다. 하지만 너무 가독성만 찾다 정작 내용은 빈약하면 안 된다. 제목만 잘 지어 놓고 내용이 없는 블로그 글은 독자들의 시간만 빼앗는 해로운 글이 된다. 이런 글은 결국 글쓴이의 진정성을 의심하게 하며 기업의 이미지를 나쁘게 한다.

칼럼 글은 블로그 글과 완전 다르다. 신문이나 잡지에 실리는 특별 기고를 말하며 글쓴이의 인사이트를 독자에게 전달하기 위해 쓰는 글이다. 그래서 칼럼이라고 해서 꼭 무슨 공식 매체에 올라가는 글만 말하는 것은 아니다. 블로그에 올리는 글이라도 정확한 논리를 가지고서 주장하는 바가 있거나 혹은 개인의 인사이트를 전문성 있게 표현한다면 칼럼이라 불러도 무방하다.

이제 막 시작한 스타트업이라면 자신들의 전문성을 보여주기 위해 1,200글자 또는 1,600글자 이내로 자신의 생각과 주장을 분명하게 담은 칼럼을 쓰는 것이 좋다. 내가 매주 경향신문에 연재하고 있는 〈혁신, 스타트업을 만나다〉 시리즈는 내가 특허출원, 상표 출원을 대리하면서 만난 스타트업들의 이야기를 소소하게 풀어내고 있는 칼럼이다. 지난 2019년 10월에 시작하여 벌써 2년 반 동안 연재를 이어가고 있다. 꾸준히 칼럼을 쓰다 보니 글을 읽고 글에서 소개한 기업을 찾아 투자하는 투자자도 생겼고, 나에게 업무 문의

나 출원을 의뢰하는 일도 많아졌다. 글쓰기를 통해 얻은 효과라 할 수 있다.

보도 자료는 기업의 존재를 외부로 알리는 중요한 글이다. 신제품을 출시하는 경우이거나 다른 기업과 협업을 하는 등 좋은 일이 있을 때면 보도 자료는 꼭 배포해야 한다. 물론 보도 자료 내용을 지면으로 실어주느냐 마느냐는 언론사의 결정이지만 정성스럽게 준비한 보도 자료는 언론사에서도 무시하기 어렵고 짧게라도 실어주려고 한다.

보도 자료는 특정한 이벤트를 간단히 한두 줄로 소개하고 관련 사진을 배치하고 기업을 소개하는 방식으로 작성하면 된다. 한 페이지가 넘어갈 정도로 장황하게 작성할 필요는 없다. 좀 더 내용이 필요한 경우 기자가 추가적인 인터뷰를 요청할 것이기 때문에 최대한 핵심만 간단히 전달하는 것이 중요하다. 그리고 보도 자료의 끝에는 해당 이벤트를 주최한 기업의 대표자 코멘트를 한두 줄 넣는 것이 좋다. 보도 자료를 실어줄 가능성이 있는 기자들을 리스트업하고, 이들이 전에 썼던 글들의 주제를 미리 분석해 대상자(기자)를 찾고, 대강의 내용을 메일 본문에 담아 첨부파일로 보내면 된다.

## 형식을 먼저 맞추자(~하는 몇 가지)

글을 많이 써보지 않은 사람의 경우 글쓰기를 두려워하는 경우가 많은데 오히려 형식을 맞춰 놓고 글을 쓰면 글쓰기가 쉬워진다. '어떤 문제를 해결하는 몇 가지 방법'류의 글은 검색도 잘되고 검색 결과에서도 독자들의 선택을 받을 가능성도 높다. 예를 들면 '스타트업을 위한 쉽게 읽히는 글쓰기 노하우 7가지'와 같이 특정 문제와 그에 대한 해결 방법을 몇 가지로 머릿속에 정리한 후 글을 쓴다면 한결 깔끔하게 글을 마무리할 수 있다. 독자의 입장에서도 다른 글들보다 정제된 느낌을 받게 되므로 선택(클릭)의 가능성도 높아진다.

## 너무나 중요한 고쳐 쓰기(퇴고)

유튜브와 팟캐스트 같은 동영상, 음성 콘텐츠가 인기를 얻고 있지만 멀티미디어 콘텐츠들은 나중에 수정이 어렵다는 단점이 있다. 하지만 텍스트 콘텐츠인 글은 언제든 고칠 수 있고 블로그나 언론사를 통해 릴리즈 하기 전에 여러 번 검토할 수 있다는 장점이 있다. 이처럼 언제든지 수정 보완이 가능하다는 점은 글쓴이 입장에서 무척 마음이 편하다는 장점이 된다. 그렇지만 수정 가능성을 염두에 두고 대충 써서는 안 된다. 반드시 교정과 리뷰를 필수로 해야 한다.

정확한 사실을 바탕으로 합리적인 과정을 거쳐 쓴 것인지 다시 한 번 생각해보고 '고쳐 쓰기'를 해야 한다.

글은 많은 사람들에게 나의 생각을 전하는 아주 중요한 의사 표시이자 수단이다. 검색기술의 발전으로 글의 중요성은 더욱 커지고 있으며 많은 사람들에게 새로운 기회를 주기도 한다.

로마의 카이사르도 전쟁을 하면서『갈리아 전기』라는 소설 같은 이야기를 로마 시민들에게 전달하여 자신의 리더십을 알리고 홍보에 성공했다. 알렉산더 대왕도 원정에 관한 수많은 이야기들을 마케도니아(지금의 그리스 북부) 국민들에게 알렸다. 삼국지의 조조도 역시나 명문을 많이 남겨서 대중들로부터 사랑을 받았다. 많은 기업과 기업가들이 좋은 글쓰기로 자신들의 존재를 널리 알렸으면 좋겠다.

# 11. 프레젠테이션 발표자료 만들기

발표라는 것은 '나의 생각을 상대방에게 전달'하는 것인 만큼 최선을 다해 최고의 결과를 얻어야만 의미가 있다. 한마디로 발표는 '설득의 정점'에 있는 활동이자 사업의 기회라 할 수 있다. 꼭 사업가가 아니더라도 누구나 발표를 잘하면 좋은 기회를 얻을 수 있고 좋은 인상도 얻게 된다. 계약직이던 직원이 발표를 잘해 정규직이 되기도 하고, 인턴 출신이었던 직원이 발표 하나로 승승장구하더니 결국에는 임원의 자리에까지 오르는 경우도 있다. 한마디로 사업을 하는 데 있어서 발표만큼 중요한 것도 없다고 할 수 있다.

발표 자리를 얻었다는 것은 '당신의 이야기를 들어보겠어'라고 상대방(창업 심사위원, 결재권자)이 마음을 먹은 것이기 때문에 발표 기회를 잡았다면 좋은 기회가 생겼다 생각하고 자신감 있게 발표에 임해야 한다. 발표를 위해서는 프레젠테이션 도구(파워포인트, 키노트)를 활용하는 것이 일반적이다. 하지만 발표 자료의 구성이나 내용에는 딱히 이렇게 해야 한다는 정답이 있는 것은 아니다. 때에 따라서 혹은 요청하는 곳에 따라서 달리할 수 있다. 하지만 아래와 같은 12가지 유의사항을 점검한다면 다른 경쟁자들과 비교해 작은 차이 정도는 만들어낼 수 있지 않을까 싶다.

발표 자료를 만들 때 유의할 점을 하나씩 챙겨보자. 발표하는 법에 대해서는 다음 글에서 추가로 다루도록 하겠다.

### 첫 페이지로 승부한다

첫 페이지는 심사위원들이 '발표자의 등장' 전에 가장 오랫동안 보는 페이지이다. 그래서 첫 페이지의 디자인은 매우 중요하다. 아주 드라마틱한 디자인이 필요한 것은 아니고 사업 아이템을 연상시키는 정도면 된다. 그리고 강렬한 제목도 필요하다. 적절한 폰트로 꾸미고 잘 보이도록 배치해야 한다.

그리고 소속 기관, 발표자 성명과 직함 그리고 연락처가 반드시 들어가야 한다. 발표 자료는 언제 어느 곳으로 흘러갈지 모를 일이다. 빈 병에 편지를 넣고 바다에 띄워 보내는 마음으로 누군가 이 자료를 보고 마음에 들었을 때 연락이 올 수 있다고 생각하고 연락처 등을 첫 페이지에 표시해야 한다. 물론 마지막 페이지에도 한 번 더 넣어야 한다.

### 로고를 반드시 상단에 배치하자

많은 발표자들이 하는 실수인데, 매 페이지마다 로고 넣는 걸 빼먹는 경우가 많다. 로고는 반드시 발표 자료 상단에 배치해야 한다. 그리고 기왕이면 상단 우측으로 넣는 것이 시각적으로 더 좋다. 심사위원들은 하루에도 수십 명의 발표를 접한다. 하루에 너무 많은 발표 자료를 접하다 보면 나중에는 "이 팀이 그 팀이었나?"하는 '환각'이 들 정도로 헷갈린다. 그러니 우측 상단에 로고가 없다면 더더욱 헷갈릴 수밖에 없다. 게다가 발표 초보자들의 경우 구글이나 네이버 등에서 자료를 검색해서 사용하기 때문에 다른 팀과 '그게 그것'처럼 보여 쉽게 구별이 안 될 때도 있다. 그러니 나를 기억시키는 로고를 페이지 상단에 꼭 넣어주어야 한다. 로고 없는 발표 자료를 보고 있다 보면 마치 강의장에서 강의를 듣는 것 같은 기분이 들 때도 있다.

### 페이지 번호를 누락하지 말자

페이지 번호는 우측 하단에 넣는 것이 좋다. 페이지 번호가 뭐가 중요하냐고 묻는 사람이 있지만, 페이지 번호가 없으면 심사위원 입장에서 Q&A 시간에 질문하려고 메모해

둔 곳을 자료를 들추며 일일이 찾아야 하는 번거로움이 있다. 게다가 발표자에게 "몇 번째 페이지 부분에 대해 질문을 하고 싶다" 이렇게 말할 수도 없어 서로 난감해하기도 한다. 상황이 이렇게 되면 질문이고 뭐고 그냥 패스하고 넘어가 버린다. 그러면 좋은 기회도 함께 사라진다고 봐야 한다. 그러니 절대로 페이지 번호를 빠뜨려서는 안 된다.

### 진정성 있는 스토리텔링을 위해 나의 경험을 담자

대기업이나 컨설팅 회사 출신 창업가들의 발표를 보게 되면 '트렌드'와 '데이터'를 유독 강조한다. 하지만 그런 정보들은 몇 번 검색만으로도 쉽게 찾을 수 있다. 심사위원들은 이런 정보보다 '왜'를 더 중요하게 생각한다. '왜 당신 같이 좋은 스펙을 가진 사람이 훌륭한 기업을 때려치우고 나와서 이 사업을 시작하려고 하는지' 그 이유를 알고 싶어 한다. 그것은 전적으로 나의 이야기에서 출발해야 한다. 구글에서 검색하면 나오는 이야기들로 심사위원, 투자심의위원회를 감동시킬 생각은 버려야 한다.

심사 발표장이 아니라 비즈니스 현장에서도 동일하게 적용되는 얘기다. 고객들은 멋진 장표로 도배된 전략이 아니라 진정성이 담긴 창업가의 이야기를 더 듣고 싶어한다. 그러니 나의 경험이 담긴 사진이나 내용을 발표 자료 전면에

내세워야 한다.

## 글자는 크게 내용은 압축적으로

'나는 다 써봤는데, 심사위원이 못 본 것이다. 따라서 나는 이의 신청을 하겠다' 이런 태도로 심사 결과에 이의를 제기하는 발표자(정확히는 탈락자)가 있다. 심사위원도 인간이고 심사 당일 기억하는 정보의 양은 한계가 있을 수밖에 없다. 그러니 모든 발표자의 발표 자료를 꼼꼼히 정독하기는 어렵다. 그리고 정독했다 하더라도 중요하지 않은 부분은 놓치거나 기억하지 못하는 경우가 부지기수다.

그래서 발표 자료를 작성할 때 너무 작은 글씨나 많은 장표 대신 큼직한 글자로 핵심을 잘 드러내는 것이 중요하다. 글자 크기는 파워포인트 기준으로 12pt 이상이어야 한다. 그 아래 작은 글자는 발표 현장에서는 거의 눈에 들어오지 않는다. 어필하고 싶은 내용도 많고 그러다 보면 페이지가 늘어나거나 페이지 안의 내용도 많아진다. 이때 글자도 함께 작아지는데, 중요한 내용은 대략 5장 장표 안에 다 넣을 수 있도록 압축에 압축을 해야 한다. 상세한 내용이 전달되지 않아 탈락한 것이 아니라 상세한 내용까지 넣어야 할 정도로 설득력이 없어 탈락했다고 생각하는 것이 더 현명하다. 글자는 크게, 내용은 압축적으로 준비하자.

## 출처 표시를 반드시 하자

자료의 출처 표시를 안 하는 경우가 있다. 이런 경우 심사위원들의 공격 빌미를 제공하는 것이 된다. "근거 자료가 좋은데, 출처가 어딥니까?"라는 질문을 받게 되면 머릿속이 하얘지며 가트너인지 맥킨지인지 기억도 안 나고, 그렇게 어버버 하다가 발표를 망치게 된다. 출처 표시는 반드시 작은 글씨로 해당 장표 내에 표기해야 한다. 근거가 없는 자료라면 차라리 싣지 않는 게 낫다.

## 어드바이저나 자문위원 표시를 잘못하면 큰 낭패

가끔 '사람으로 장난'을 치는 일이 있다. 나도 사람들과 많이 어울리고 심사위원도 자주 하다 보니 가끔 겪는 일인데 잘 알지도 못하는 팀(스타트업)에서 나를 멤버나 어드바이저로 넣는 경우이다. 최소한 양해를 얻었거나 정식으로 자문위원 계약을 맺은 경우라면 모르겠으나 그렇지 않다면 굉장히 난처한 상황이 된다.

자문위원(고문, Advisor)을 표기하는 것은 창업팀의 사업개발 능력을 판단할 때 심사위원들이 중요하게 보는 부분인데 이 부분에 이름을 올리는 분들이라면 반드시 위촉장이나 자문위원 계약을 체결하고 성함을 쓰는 게 맞다. 허락 없이 남의 이름을 함부로 썼다가는 타인의 명성을 도용한 사람으로 오해받게 되어 바로 탈락하게 된다.

### 동영상은 기관 담당자와의 사전교감이 필수

발표 자료에 동영상을 넣는 경우가 많아지고 있다. 그러나 실시간 데모를 보여 주겠다는 패기로 앱 프로토타입을 디스플레이에 연결하다 실패하는 등 난처한 상황을 맞이하는 것을 종종 본다. 내 PC에서 돌아가던 영상이 당연히 심사장 PC에서도 잘 돌아가겠지, 하는 생각을 하는데 현장은 그렇지 못하다. 그동안의 경험을 생각해보면 데모 프로그램(앱)이나 동영상 등이 제대로 플레이 된 경우는 절반 정도밖에 되지 않았다. 그나마 동영상이 제대로 재생된 경우도 심사 진행 담당자가 영상의 재생 여부를 꼼꼼히 확인해주었기 때문에 가능했다. 그래서 동영상 같은 현장 구동형 발표 자료가 있다면 발표 현장의 담당자와 충분히 사전 교감을 하고 재생 여부를 미리 확인하는 것이 중요하다.

### 폰트 포함 저장 또는 PDF 저장으로

굉장히 많이 놓치는 문제이다. 폰트는 발표 자료의 느낌을 결정하는 굉장히 중요한 부분이다. 그러나 너무 디자인에 몰입하다 보면 실수하는 경우가 종종 생기는데, 내가 심은 폰트가 일반 폰트가 아니라서 현장 화면에서는 구동이 안 되고 글자 크기는 물론이고 줄이 밀리는 등 다양한 문제가 생기는 경우이다. 그래서 발표 자료에 사용되는 폰트는 일반적으로 쓰는 두세 가지 종류를 넘겨서는 안 되고 자료 저장을 할 때도 '폰트 포함 저장' 옵션을 체크하는 것이 중요하다.

더 쉬운 방법은 PDF 저장하기인데 다만 PDF에서는 동영상이 재생되지 않는 경우가 많으므로 무엇이 나은지 고민한 후 발표 자료의 최종 버전 포맷을 결정해야 한다. 그리고 맥북과 같은 Mac OS를 이용하는 경우에는 폰트에 더더욱 유의해야 한다.

## 마지막 장표가 '감사합니다'?

흔히 마지막 장표에 등장하는 '감사합니다'에 대해 한 번 생각해보자. 심사위원을 하다 보면 발표자의 상당수가 마지막 슬라이드에 '감사합니다'를 배치하는 것을 볼 수 있다. 그런데 이게 무슨 의미가 있을까? 발표 자료 마지막 페이지는 심사위원들이 가장 오랫동안 마주하는 장표이다. 무슨 말이냐 하면, 발표가 끝난 다음 Q&A를 할 때 맨 마지막 화면이 그대로 정지화면처럼 발표자 뒤로 계속 띄워져 있는 경우가 많다는 것이다.

사실 Q&A 시간에는 심사위원의 질문에 따라 연관되는

장표로 넘어가서 답변을 하는 것이 좋지만, 발표 초심자들은 '감사합니다'를 그대로 두고서 Q&A를 진행하는 경우가 많다. 마지막 장표를 '감사합니다'로 쓰는 것보다 '우리 회사를 뽑아야 하는 세가지 이유'처럼 지금까지의 발표 내용을 다시 3~5줄로 요약한 내용을 보여주는 것이 더 나을 수 있다.

### 발표 자료 파일명은 회사 이름과 제품 또는 서비스명

파일명만 봐도 내용을 알 수 있게 하는 것이 바람직하다. 그리고 파일명에 작성자의 연락처가 있다면 더 좋다. 그 파일을 받게 되는 사람이 투자를 하고 싶거나, 제안을 하고 싶거나, 서비스나 물건에 대한 관심으로 연락을 하고자 할 때 파일만 보고서 제목에 기재된 연락처로 바로 통화한다면 파일을 열고 연락처를 찾는 수고로움을 줄일 수 있다. 그리고 어느 운영체제에서나 검색이 잘 될 수 있게 파일명을 길게 쓰는 것도 좋은 방법이다. 파일명이 너무 길어지는 것이 문제가 되지 않을까 걱정하는 분들이 있는데 내 경험상 검색이 잘 되는 것이 더 낫다.

### 디자인은 반드시 디자이너에게 맡기자

물론, 디자인이 엉망이라도 당신의 사업과 팀이 훌륭하

다면 투자는 이루어진다. 하지만 최근에 프리랜서 플랫폼 앱들이 등장하면서 훌륭한 프레젠테이션 디자이너들을 쉽게 만날 수 있다. 숨고, 크몽 등의 프리랜서 플랫폼(앱, 웹사이트)에서 파워포인트 디자이너로 검색하면 많은 실력 있는 디자이너들이 검색된다. 그리고 이들과 1:1로 실시간 상담을 할 수도 있다. 그들이 올려놓은 포트폴리오를 확인해보고, 디자인 작업을 맡겨보자. 당신이 직접 만든 프레젠테이션이 몰라보게 달라져 있을 것이다. 최소한의 정성을 보이면 발표의 결과는 더 좋아질 수 있다.

지금까지 발표 자료 작성시 유의할 점 12가지를 살펴보았다. 발표 자료의 형식이 사업의 모든 것을 설명해주지는 않는다. 사업의 본질적인 내용 즉, 고객들의 욕망을 만족시킬 사업 아이템 그 자체가 가장 중요하다. 하지만 이를 더욱 빛내고 기억에 남게 하려면 기초적인 발표 양식은 지키면 좋다는 것을 잊지 말자.

## 12. 정부지원사업 발표하기

창업을 하고 나면 발표할 일이 참 많아진다. 회사 밖은 물론이고 회사 안에서도 많다. 제품이나 서비스를 팔기 위해서도 해야 하고 투자를 받기 위해서도 해야 한다. 특히 정부사업에 대한 지원을 받기 위해서라면 반드시 필요로 하는 것이 발표 평가이다.

개인적으로 1년에 스무 번 이상 다양한 기관에서의 창업심사위원으로 참여하면서 느낀 것들을 몇 가지 정리해보았다. 정부지원사업에 선정되기 위해 예비 창업가들이 발표할 때 주의해야 할 사항 여섯 가지이다.

### 첫인상이 중요하다
최근 비교적 작은 규모의 지원사업 심사위원으로 위촉되어 심사를 봤던 적이 있다. 발표자 대부분은 기술 기반 스타트업 창업가들로 자신들이 날 밤을 새우며 개발한 기술을 설명하기 위해 한자리에 모였다. 하지만 발표가 처음인지 모두들 주눅 든 표정을 하고 있었다. 발표 내용 역시도 '기술 설명' 그 이상도 그 이하도 아니었다. 하지만 마지막 순서로 나온 창업가는 이전 발표자들과 다르게 생글생글 웃으며 발표장에 들어왔고 모든 심사위원들과 눈을 마주치며 프레젠테이션을 시작했다. 그러자 분위기는 확 바뀌기 시작했다.

웃음기 가득한 얼굴로 프레젠테이션 하는 것은 자칫 아마추어처럼 보일 수 있기 때문에 권하고 싶지는 않다. 하지만 발표 현장에 '입장하는 순간'의 밝은 이미지는 무척 중요하다. 결코 플러스 점수가 되지 마이너스 점수가 되지는 않는다. 그러니 발표 내용이 본인 생각에 좀 부족하다고 생각되더라도 걸음걸이를 당당히 하고 발표장에 들어가야 한다.

### 경험담 중심으로 발표를 하자

사업의 '결과'도 중요하지만 연구 과제 선정이나 투자유치 발표 등에서는 당신이 얼마나 노력하는 팀의 리더인지 알 수 있게 하는 '과정'을 설명하는 것이 더 중요하다. 따라서 발표현장에서는 무엇보다 '나의 이야기'를 하는 것이 중요하다(이 내용은 앞에서도 여러 번 강조했던 사항이다).

구글이나 네이버 등에서 몇 번만 검색하면 나오는 정보들을 늘어놓는 것만큼 지루하고 따분한 발표도 없다. 최고의 프레젠테이션 스킬은 '공감'을 이끌어내는 스킬이다. 이러한 공감은 각종 보고서의 자료를 옮긴다고 해서 만들어지는 것이 아니라, 나의 이야기를 가지고서 사업 이야기를 해야 만들어진다. 심사위원도 혹은 심사장의 방청객도 모두 각자의 고유한 경험을 갖고 있기 때문에 나의 경험을 그들에게 소개하는 것은 결국 그들을 내 편으로 끌어들이게 하는 방법이다. 절대 심사위원들에게 '강의'를 하는 듯한 느낌을 줘서는 안 된다. 특히 기술창업가들의 발표를 들으면 발표 시간 20분 중 15분이 배경 기술에 대한 설명인 경우가 있는데, 이는 심사위원이나 방청객 입장에서 참으로 고통스러운 시간이 아닐 수 없다.

## 누구나 알 수 있는 수준의 발표여야 한다

간혹 발표가 다 끝났는데 심사위원들이 "그래서 무엇을 만들겠다는 것인가요?"라고 질문을 하는 경우가 있다. 만약 내가 그런 질문을 많이 받는다면 발표 자료를 고쳐야 한다. 심사위원의 낮은 이해도를 탓할 필요는 없다. 사업 발표는 일반인들이 알아들을 수 있는 수준이어야 한다. 아무리 어려운 기술이어도 그래야 한다. 여러 심사 현장에서 "이게 무슨 뜻이죠?"같은 유사 반응을 계속 겪는다면 '나의 기술, 나의 회사'를 제대로 말하지 못하고 있음을 알아채야 한다.

20분 발표에 배경 기술 설명은 약 4분 정도면 충분하다. "석 달 전에 우리 회사는 이런 상태였는데 지금은 이런 상태입니다" 류의 이야기를 하는 것이 좋다. 핵심은 '성장세'이다. 지금 투자하지 못하면 좋은 회사를 놓칠 수 있다는 불안감, 그것을 자극해야 투자자의 마음을 움직일 수 있다. 누구나 알아들을 수 있는 언어와 표현으로 '나의 이야기, 나의 기술, 우리들의 성장세'를 이야기해야 한다.

### 경쟁사를 평가절하하지 마라

창업가들이 많이 하는 실수 중 하나가 경쟁사를 깎아내리는 것이다. 아주 안 좋은 습관이다. 세상은 서로 연결되어 있기 때문에 심사위원이나 방청객 중 당신의 경쟁사와 관련된 사람이 있을 수도 있고, 이미 시장에서 상당한 지위를 구축한 경쟁사의 스토리를 당신보다 더 잘 알고 있는 심사위원이 있을 수도 있다.

다시 한 번 강조하지만 발표에서는 '나의 기업, 나의 제품'에 대한 이야기가 중심이 되어야 한다. 경쟁사 언급은 '내가 이 정도로 차별화에 공을 들였다' 정도면 충분하다.

하드웨어 스타트업의 경우에는 양산 자금이 없어서 아직 시장에 출시되지 않은 제품이나 기술을 가지고서 창업 심사장에 나오는 경우가 많다. 이런 경우 심사위원 입장에서는 이미 시장에 나와서 팔리고 있는 제품과 시제품 수준의 우리 제품을 비교한다는 것 자체는 내가 아무리 설명을 잘한다 하더라도 체급이 다른 싸움밖에 되지 않는다. 그러니 경쟁사를 평가절하하는 대신 우리 제품이 더 낫고 차별화되었다고 주장하는 포인트를 객관적으로 선보이는 것이 훨씬 유리하다(이정도로 깊이 있는 분석을 했다는 의미가 됨).

주의해야 할 또 다른 한 가지는 "경쟁사가 없다"고 말하지 말아야 한다는 것이다. 너무나 독창적이어서 경쟁사가 없다는 것은 '시장이 없다'는 것을 뜻하고, 시장이 없다는 것은 결국 소비자 전체를 교육해야 한다는 것을 의미할 수도 있기 때문이다.

## 심사위원과 싸우지 말자

심사위원은 발표자를 떨어뜨리려고 하는 사람이 아니다. 서류 심사를 통과한 창업가를 정부지원사업, 연구과제, 투자선정 등으로 붙여주기 위해 앉아 있는 사람이다. 하지만 이들 중에서도 소위 '칼질'을 하는 사람이 있다. 이들과 척을 지는 듯한 발표를 해서는 안 된다.

발표장에서 만날 수 있는 대표적인 칼질은 이런 것이다. "그거랑 똑같은 거 어디서 봤는데" 만약 어떤 심사위원이 이렇게 말하면 창업가는 십중팔구 "어디서 봤나요?"라고 반응한다. "인터넷에 다 나와 있는데 아직 못 보셨나요?"라고 심사위원이 받아치면 발표자는 서서히 멘탈이 무너지기 시작한다. 그리고 다른 심사위원의 마음도 술렁이기 시작한다. 이런 경우 대응 방법은 '철저한 선행기술 조사' 뿐이다. 발표를 하기 전까지 내가 만드는 기술이 '완전 최초 기술'이라고 생각하지 말고 충분한 선행기술 조사를 해두는 수밖에 없다. 선행기술의 존재를 모르고 발표를 진행하는 것은 전투모 없이 전쟁에 나가는 것과 같다. 특허청에서 제공하는 특허검색 데이터베이스인 키프리스(kipris.or.kr)를 이용하면 누구나 쉽게 선행기술이 있는지 여부를 조사할 수 있다.

　또 다른 칼질로 "증빙 서류가 없다"는 지적이 있다. 굉장히 난처한 경우인데, 점수표가 있는 심사에서는 여지없이 감점을 당하게 된다. 이런 경우에 심사위원과 싸워가며 "이번 사업에 필요한 것이 아니다" 식의 수습 불가한 변명보다는 '추후 보완' 하겠다고 답하는 게 더 낫다.

## 예산 작성에 실수가 있어서는 안 된다

정부지원 연구과제 또는 정부지원사업에서는 사업신청서(혹은 사업계획서)의 마지막 파트에 기재된 예산을 가지고서 반드시 트집 잡는 누군가가 있을 수 있다. 꼭 정부지원사업이 아니더라도 사적인 비즈니스 제안에서도 결국은 '가격'이 중요한 문제가 된다. 특히 투자유치를 위한 발표 자리라면 "얼마의 돈을, 무엇에 써서, 어떻게 성장하겠다"가 반드시 나와야 한다.

예산은 표로 심플하게 정리할 수 있다. 조달청 등의 기관에서 주최하는 심사에서는 반드시 회계사나 회계 전공자가 포함된다. 당연히 예산에 대해 꼼꼼하게 살핀다. 그러니 실수가 있어서는 안 된다. 예산에서의 실수는 앞으로 있을 또 다른 실수를 예고하는 것과 다름없다. 자신이 없다면 회계 전문가나 예산 전문가에게 미리 검토를 받는 게 낫다.

우리나라만큼 창업하기 좋은 나라가 없다고 한다. 약 24조 원의 R&D 지원사업이 각 정부 부처에서 쏟아지며 테크노파크, 창조경제혁신센터, 창업보육센터를 통해서 공간과 자금을 지원받을 수 있다. 모태펀드도 정부 주도로 풍부하게 제공되며, 액셀러레이터들도 정부 프로그램을 운영하면서 스타트업을 많이 만나고 투자를 진행한다. (모태펀드란

일종의 최상위 펀드로 '펀드 오브 펀드'라고 할 수 있다. 유망 창업 기업 육성을 위해 정부주도로 설립된 한국벤처투자〔법정기관〕가 운영 중이며 각 정부 부처가 출자하고 있다. 자세한 내용은 후반부 '돈의 흐름 이해하기'에서 한 번 더 다루도록 하겠다.)

정부지원사업에 선정된다는 것은 사업 초기 인건비 부담을 해결하고 데스벨리를 넘을 수 있게 도와주는 아주 중요한 과정이다. 최근의 정부지원사업은 단순히 기술을 만들어 내는 것뿐만 아니라 시장의 변화를 이끌고 일자리를 만들 수 있는 기업을 우선으로 선발하고 있다. 여기에서 언급된 발표 스킬들이 많은 창업가에게 도움이 되었으면 좋겠다.

## 13. 피해야 할 멘토

창업가에게 멘토는 정말 중요하다. 통상 정부지원사업 같은 창업보육과제로 선정되면 여러 정책 지원 중 멘토링이 포함되는 때도 있다. 이때 멘토를 잘 만나면 사업이 잘 풀리지만 잘못 만나면 사업이 엄청나게 꼬일 수도 있다. 사실 멘토는 주주도 아니고 이사회 구성원도 아니다. 페이스메이커도 아니다. 그렇지만 창업가에게 술 한 잔 사주면서 따뜻한 조언과 위로를 줄 수 있는 유일한 사람이 멘토이다.

지금부터 절대 만나지 말아야 할 '피해야 멘토'를 정리해 보자.

### 강요하거나 단언하는 멘토

"너는 이렇게 해야 해"라고 단언하는 멘토는 바람직한 멘토가 아니다. 아무리 풍부한 경험을 가졌다 하더라도 그의 경험은 현재의 나와는 아무런 상관이 없다. 시기도 너무 다르다. 멘토 자신이 성공을 거둔 적 있다 하더라도 지금 다시 반복해보라고 한다면 할 수 있는 사람은 거의 없다. 그리고 멘토는 결과적으로 아무런 책임을 지지 않는다. 멘토는 주주도 아니고 소비자도 아니라는 사실을 명심해야 한다. 간혹 멘토링 중에 흥분하거나 분노에 가득 차서 이런저런 열변을 토하는 멘토가 있는데, 그런 분들의 말은 그냥 참고만 하는 게 좋다.

### 지분 구걸하는 멘토

물론 멘토와 멘티 사이에 지분이 오갈 수도 있다. 하지만 그러한 지분 거래에는 분명한 대가와 조건이 뒤따른다. 지분은 돈으로 살 수도 있고 역할로 받을 수도 있다. 그것이 자본주의다. 지분을 받게 되면 한배를 탄 것이나 다름없다. 하지만 멘토링에서 몇 마디 해주고서 지분을 달라고 하는 멘토는 '나르시스트' 그 이상도 그 이하도 아니다. 이름이 알려진 멘토 중에도 그런 행위를 하는 사람들이 가끔 있다. 그런 멘토가 합류한다는 사인이 시장에 좋은 반응을 줄 수는 있지만 실제로는 지분만 받고 아무런 도움을 안 주는 경우도 있다.

초기 스타트업의 경우 주주관리는 무척 중요한 일이다.

3% 이상의 지분을 가진 주주는 상법상 회계장부열람권이 있기 때문에 나중에 경영진을 괴롭힐 수도 있다. 만난지 얼마 안 되는 사람에게 '지분으로 감사의 마음을 표하는' 우를 범하지는 말아야 한다.

## 허위 세금계산서 발행을 권하는 멘토

일부 멘토 중에 허위 세금계산서 발행을 권하는 멘토가 있다. 투자유치를 위해 매출을 늘려야 하고 매출을 늘리기 위해서는 아는 회사로부터 세금계산서를 끊어 입금을 받아야 한다고 조언을 하는 경우이다. 허위 세금계산서 발행은 세법상 금지된 행위이다. 작은 스타트업은 세무 조사를 받을 일이 없다고 생각하고 가끔 일을 저지르는 경우가 있는데 아주 잘못된 생각이다.

어느 정도 수준이 되는 창업투자사들은 투자하는 회사의 회계 자료 전부를 검토한다. 그리고 1년 전이든 3년 전이든 이해가 되지 않는 금전 기록에 대해서는 반드시 묻고 따진다. 이것이 '실사'에서 가장 중요한 부분이기 때문이다. 따라서 회사에 별 도움이 되지 않는 허위 세금계산서 발행은 하지 않는 게 좋다. 처음부터 불법을 권하는 멘토는 반드시 피해야 한다. 이는 바른 기업이 되기 위한 첫걸음이다.

### 폐업하고 재창업하라고 권하는 멘토

"정부지원사업을 따기 위해서는 3년 이하 또는 7년 이하의 기업이어야 한다"라고 하면서 재창업을 권하는 멘토가 있다. '재창업 지원사업'은 경쟁률이 상대적으로 낮으므로 재창업을 시도하고 지원 사업을 따라는 조언이다. 하지만 '폐업 후 재창업' 또는 '별도 법인 설립'은 기존 주주들의 명시적 동의가 없으면 '배임'에 해당될 가능성이 높다. 주식회사는 주주들이 주인이다. 대표(이사)는 이사회를 대표하는 사람일 뿐이다. 소액이라 하더라도 주주들을 무시하고 다른 기업을 설립해서까지 정부지원사업에 몰두한다면 그것은 주주와 회사에 등을 돌리는 행위가 된다. 그러니 주주도 아니면서 폐업과 재창업, 별도 법인 설립 등을 가볍게 권하는 멘토와는 거리를 두어야 한다.

### 자신의 과거를 숨기는 멘토

사업 성공을 경험해보지 않은 멘토들도 있다. 꼭 성공 경험만 도움이 되는 것은 아니니 없어도 된다고 치자. 하지만 떳떳하게 자신의 사업 경험을 설명하지 못하거나 이상한 술수나 가르치려고 드는 멘토는 아무런 도움이 되지 않는다. 특히 자신이 걸어온 길을 숨기는 멘토는 더더욱 피해야 한다.

자신의 과거를 말하지 못하는 멘토 중에는 배임, 횡령을 저지르고 쫓겨난 경우도 있다. 이런 멘토는 당시에는 주주들로부터 용서를 받았다 하더라도 형법상 전과가 남아있을 수도 있고 자신의 과거를 이야기했다 '체크' 당하는 것이 두려워 과거를 밝히지 못하기도 한다. 그리고 꼭 배임이나 횡령이 아니더라도 다른 과오를 감추기 위해 과거를 말하지 않는 경우도 있다.

대한민국 사회는 좁기 때문에 결국에는 누군가와 겹치며 살아갈 수밖에 없다. 특히 페이스북 같은 SNS를 통하면 금세 여러 가지 정보 체크가 가능하다. 뭔가 숨기는 것이 많은 사람일수록 이런저런 사연이 많다고 봐야 한다. 조심하자.

## 초면에 반말하는 멘토

처음 만난 순간부터 반말로 멘티를 기선 제압하려는 멘토가 있다. 특히 정부에서 소개하는 멘토 중 연세가 많은 분들이 있는데, 자신의 사회 경험을 바탕으로 일부러 반말을 하는 것일 수도 있겠지만 사실 이것은 '과거형 매너'에 해당한다. 자신이 어떤 대기업의 어떤 임원이었는지 얘기해봤자 그것은 이미 지나간 이야기 일뿐이다. 권위적인 조직에서 30년동안 있으면서 익힌 매너는 스타트업 비즈니스에는 전혀 도움이 되지 않는다. 권위주의를 벗어나 새로운 판을 짜야 하는 스타트업에게 이런 꼰대 정신은 아무짝에도 쓸모없다.

### 식상한 이야기만 하는 멘토

'남의 이야기'만 옮기는 멘토들이 있다. 검색 몇 번이면 나오는 남의 이야기만 주구장창 널어놓는 멘토는 별 도움이 안 된다. 오히려 멘티의 이야기를 들어주고 멘티가 어떤 문제점을 어떻게 파악했는지 그리고 어떻게 해결하고 있는지 주의 깊게 듣고 자신의 경험에서 나온 인사이트를 건네주는 사람이 진짜 멘토다. 멘토 자신의 사업 경험에서 모인 진한 엑기스 같은 인사이트가 훨씬 더 도움이 된다. 간혹 엑기스가 전혀 모이지 않을 정도로 남의 지시대로만 살아온 멘토가 있는데 이는 멘티가 잘 보고 판단해야 한다.

### 시간 약속을 지키지 않는 멘토

언제 만나기로 했으면 그 시간에 나타나야 한다. 자신이 멘토라는 이유로 시간을 수시로 바꾸는 멘토는 좋은 멘토라 하기 어렵다. 비즈니스에서 나의 시간만큼 상대방의 시간도 중요한데, 아무리 사업을 시작한 지 얼마 안 되는 창업가를 상대한다 하더라도 그의 시간을 존중하지 않는 멘토는 결코 좋은 멘토라 할 수 없다.

이상으로 여덟 가지 피해야 할 멘토 유형에 대해 알아보았다. 멘토는 꼭 필요하다. 꼭 사업 때문만이 아니라 인생을 살아가는 데도 많은 도움을 준다. 잘 만난 멘토는 굉장한 도움이 되기도 하고 평생의 가이드가 되기도 한다. 하지만 잘못 만난 멘토는 내 인생을 꼬이게도 한다. 좋은 사람들이 내 곁에 존재하게 하는 것이 중요하다. 여러 명의 멘토가 필요한 것도 아니다. 몇 명이면 충분하다. 이분들과 함께 사업의 재미를 많이 느꼈으면 좋겠다.

## 14. 성공적인 박람회 참석 노하우

박람회(전시회)에서 열정을 불사르는 스타트업이 결국에는 성공할 확률도 높다. 꼭 기술이 완성되고 나서 박람회를 나가야 하는 것은 아니다. 완성되기까지 얼마 안 남았다면 조금 앞서서 박람회나 전시회에 나가보는 것도 좋다.

그동안 내가 직접 투자했던 기업들의 해외 전시를 도와주면서 느낀 점을 바탕으로 박람회에서 절대 하지 말아야 할 행동 다섯 가지를 정리했다. 이 내용은 꼭 스타트업에만 해당되는 것도 아니다.

### 부스에 앉아만 있어서는 안 된다
바이어들은 바쁘다. 적극적으로 설명하려는 팀의 설명마저도 들을 시간이 없다. 그러니 부스에서 멀뚱멀뚱 지나가는 사람만 구경하는 팀은 당연히 패스다. 비싼 부스 비용까지 내고 앉아만 있다가 한국으로 돌아와 "역시 이번 전시는 별로야"라고 생각한다면 크나큰 오판이다.

## 작은 글씨 포스터는 안 된다

바이어들은 전시회장에서 빠르게 이동하기 때문에 부스에 전시된 포스터 글씨가 작다면 그냥 지나쳐버린다. 기술 창업자들은 포스터에 이것저것 많은 내용을 넣고 싶어 한다. 그러다 보면 글씨는 점점 더 작아지게 된다. 걸어 다니다 고개만 돌려도 충분히 잘 보이는지 꼭 확인해 보자.

## 수줍음은 금물이다

바이어들은 개방되어 있다. 어떤 기회가 올지 모른다고 생각하는 사람들이기 때문에 항상 귀를 열고 다닌다. 따라서 내가 적극적으로 말을 걸어도 주의를 기울이고 들어준다. 그러니 수줍어할 필요가 없다. 그리고 바이어들은 짧은 시간 안에 많은 것을 보기 때문에 일일이 다 기억하지도 못한다. 나를 정확하게 기억하지 못하는 것은 물론이다. 그러니 부끄러워하지 말고 적극적으로 말을 걸자. 뜻밖에 좋은 인연을 만날 수 있다.

## 자기 부스에만 머물러서는 안 된다

제품을 사주는 바이어들만 비즈니스 파트너가 되는 것은 아니다. 다른 부스의 기업들과도 파트너 관계가 될 수 있다. 박람회에 최선을 다하는 기업들은 아예 '부스 지킴 조'와 '탐색 조'로 나누어 충분히 사람들을 만나고 파트너십도 맺는다. 그렇게 관계를 맺다 보면 기술을 주고받을 수도 있고 주문을 받을 수도 있다.

## 대충 먹어서는 안 된다

전시회에서는 잘 먹는 게 중요하다. 대충 먹으면 힘이 나지 않는다. 조금 시간이 들더라도 좋은 음식을 많이 먹는 게 중요하다. 잘 먹고 열심히 영업하자. 전시회 자리는 영업의 자리고 영업의 기본은 잘 먹고 힘내서 말하고 웃는 것이다.

지금까지 전시회에서 절대로 하면 안 되는 행동들을 살펴보았다. 이제는 반대로 박람회에서 반드시 해야 할 행동이다. 하지 말라고 금하는 것보다 훨씬 많다. 하나씩 살펴보자.

## 리플렛에 명함 붙이기

바이어들은 항상 바쁘고 정신이 없고 피곤하다. 그러니

그들이 가져가는 리플렛은 가벼워야 한다. 그리고 명함을 따로 주게 되면 십중팔구 잃어버린다. 그러니 바이어와 대화를 나눈 다음에는 내 명함을 리플렛에 스테이플러로 고정해서 건네줘야 한다.

### 프리 캔디 준비하기

파랑새가 옹달샘을 찾아오듯, 바이어를 찾아오게 하는 마법이 바로 사탕(프리 캔디)이다. 내가 엔젤로 투자한 스타트업 모어씽즈는 2018년 홍콩 글로벌소시스 전시회 때 부스 방문 인원만 500명이 넘어 주변 부스에서 비결이 뭔지를 물어온 적이 있다. 결론은 프리 캔디의 효과. 저렴한 캔디는 외부에, 조금 비싼 초콜릿은 부스 중앙에 그리고 대화를 나눈 바이어에게는 더 비싼 초코바를 주자. 그러면 파랑새가 옹달샘 찾아오듯 바이어들이 우리를 찾아온다.

### 명함 들고 같이 사진 찍기

전시회 행사를 끝내고 돌아와서 피드백을 위해 부스를 방문한 바이어들에게 메일을 보내는데, 명함만으로는 누가 누구였는지 기억이 안 난다. 그럴 때를 대비해 바이어들과 함께 사진을 찍어두면 좋다. 나중에 함께 찍은 사진을 이메일로 보내주겠다 하면 무척 좋아한다. 사진은 꼭 부스의 상호와 포스터 등이 함께 나오도록 찍자. 누군지 기억나도록 명함이 보이도록 촬영하고 명함이 없다면 네임 태그라도 들고 찍자.

### 단체 티셔츠 맞춰 입기

꼭 튀는 색상으로 옷을 맞춰 입고 전시회에 참가하자. 눈에 튀는 단체복은 멀리서도 잘 보인다. 앞서 얘기했던 모어씽즈 팀은 전시회 때 파란색으로 상의를 맞춰 입었다. 바이어들은 통일된 티셔츠를 입은 사람이 부스 앞에 있으면 조금 더 편하게 이것저것 물어본다. 단체 티셔츠 한 장에 만 원도 안 하는 시대이니 꼭 맞춰 입고 나가도록 하자.

### 눈에 들어오는 전시물 디스펜서(거치대)

눈에 띄지 않으면 바이어의 시선을 잡을 수 없다. 모어씽즈 부스에서는 스마트깔창(인솔) 제품 거치대를 만들면서 LED를 설치하여 지나가는 사람들의 관심을 끌었다. LED 불빛을 보고 찾아오는 바이어에게 스마트 신발, 스마트 골프화를 손쉽게 설명할 수 있었다. 비용보다 정성의 문제다. 만약 눈에 보이는 제품이 없는 소프트웨어 회사라면 벽에 쏘는 빔프로젝터라도 준비하자. 벽이나 바닥으로 움직이는 영상이 바이어 눈길을 사로잡을 수 있다.

### 방문객들이 체험할 수 있는 시연물 준비하기

바이어들은 체험을 원한다. 실제로 만져보고 작동해 보길 원한다. 그러고 나서 팔릴 만한 물건이라고 생각되면 최소 주문 수량과 공급 가격을 묻는다. 가격을 물어보지 않는다면 별 관심이 없다는 뜻이다. 가격 질문까지 받아내려면 체험이 중요하다. 몸이 기억하면 머리로도 오래도록 저장이 된다.

### 영어가 유창하지 않아도 말 걸기

우리만 못하는 게 아니라 바이어도 잘 못한다. 전시에 따라서는 영어를 모국어로 하는 방문객이 5%도 안 되는 경우도 있다. 따라서 반드시 영어가 유창할 필요는 없다. 중요한 것은 딱 다섯 가지다. '기능' '경쟁사 대비 장점' '기술 지원' '최소 주문 수량' '가격' 이 다섯 가지만 영어로 말할 줄 알면 된다.

### Yes! 틈틈이 관광하기

힘들게 여기까지 나왔는데 저녁에는 좀 즐기자. 하루 일정이 끝난 저녁에는 주변 관광지로 나가서 구경도 하고 맛있는 식사도 하자. 혼자 온 경우라면 전시회에서 만나 메신저로 연결된 사람들에게 술 한잔하자고 해서 같이 놀자. 물론 피곤하다면 다음 날을 위해 일찍 쉬는 것도 좋다.

## MOU 계약 등 다음을 약속하기

MOU는 양해각서다. 정식 계약을 체결하기에 앞서 양측이 앞으로 이런 걸 하겠다고 구두로 약속하는 문서다. 다만 법적 구속력은 없다. 우리 제품에 관심을 보이는 바이어라면 현장에서 MOU를 바로 맺자. 특별한 법적 구속력이 없음을 상기시키고 한 페이지짜리 MOU를 맺는다. A4 출력이 가능한 휴대용 프린터를 가져가면 일이 보다 수월해진다. 물론 이러한 MOU 계약서는 나중에 투자유치 자료로도 활용할 수 있다.

## 링크드인과 위챗 등으로 친구 맺기

바이어들은 연결을 좋아한다. 부스에서 즉시 링크드인과 위챗 연결을 하자. 중국계 바이어들은 대부분 위챗을 사용하므로 현장에서 친구를 맺고 같이 찍은 사진을 바로 보내주면 좋아한다.

## 메일을 보내고 상대방 정보 받아 내기

바이어들도 자기 나라로 돌아가 업무에 복귀하면서 그동안 열어보지 못한 메일을 찬찬히 볼 것이다. 그때 전시회 때

찍은 사진을 본다면 회사 이름과 우리 제품을 기억할 것이다. 당장 주문으로 이어지면 좋겠지만 일단 그 바이어의 기억에 남아 있는 것이 우선이다. 그러니 전시회가 끝나면 함께 찍은 사진과 우리 회사 소개 자료를 메일로 보내야 한다.

### 가격과 최소 수량 정하기

바이어들은 계산이 빠르다. 몇 개를 얼마에 팔지가 가장 중요한 요소이다. 따라서 최소 주문 수량과 가격을 정해 놓고 박람회를 나가야 한다. 그게 없다면 '컨셉 제안자' 역할만 한 게 된다. 최소공급수량(MOQ)와 공급가 그리고 소비자 판매가를 정해 놓고 전시회에 참석하자.

### 브로슈어와 리플렛은 넉넉히 챙기자

우리 부스가 생각보다 인기 있는 부스가 될 수 있다. 그런데 이럴 때 리플렛이 바닥나 버린다면 정말 큰 일이 아닐 수 없다. 이를 때를 대비해 출력용 파일도 챙겨야 한다. 전시회가 열리는 컨벤션 센터에는 대부분 간이출력소가 있다. 급하면 현지에서도 출력을 해야 한다.

### 지인들 방문 요청하기

최대한 지인들을 끌어모아야 한다. 전시회는 사업의 에

센스를 선보이는 자리다. 지인들에게 내가 무슨 사업을 하고 있는지 알려주고 전시회 포스터 이미지와 초대장도 보내주자.

전시회 혹은 박람회는 기업이 보유한 기술과 제품의 핵심을 선보이는 자리이다. 아무리 온라인 마케팅의 위력이 세졌다고 하지만 직접 만나 이야기 나누고 느끼는 것만큼 효율적인 것은 없다. 최선을 다해 준비하고 멋진 비즈니스를 함께 만들어갈 인연을 만나보자.

# 15. 스타트업 놀이와 좀비벤처

"기업인가 동아리인가 아니면 좀비벤처인가?"

'좀비벤처'란 구성원들의 스펙으로 과제를 따고 연구 인력비를 활용해 기업을 존속시키는 것을 말한다. 최근 이 같은 좀비벤처들이 많아지고 있다는 지적이 창업 심사위원들 사이에서 심심찮게 나온다. 즉, 투자하기 어려운 '동아리스러운' 스타트업이 많다는 것을 뜻한다. 정부의 창업 정책 때문에 창업 기업은 늘고 있지만 그만큼 쭉정이 같은 기업들도 함께 양산되고 있는 것이다. 그런 점에서 한 가지 분명한 것은 과거의 '벤처기업 육성정책'과는 이제는 좀 달라져야 한다는 것이다.

과거 2000년대 벤처 붐이 일었을 때 정부에서는 중소기업이 성장해야 국가 경제가 튼튼해짐을 깨닫고 각종 정부 지원사업을 만들어 기업들에게 공지하기 시작했다. 하지만 이 같은 지원 사업이 많아지다 보니 이를 이용해 '연명'에만 치중하는 기업들이 동시에 늘게 되었다. 심지어 2017년부터는 '어떻게 하면 정부지원사업을 타낼 수 있는지' 컨설팅을 해주는 곳들까지도 생겨났다. 여기에 매출이 적어도 정부과제 등으로 버티기가 가능한 '자금융통전략'이 각광을 받게 되면서 국가 R&D 사업에 '모럴 헤저드'(도덕적 해이)가 심각한 지경에까지 이르렀다. 결과적으로 수많은 기업들이 좀비벤처가 되면서 정부 돈만 타 먹으며 연명을 하고 있다.

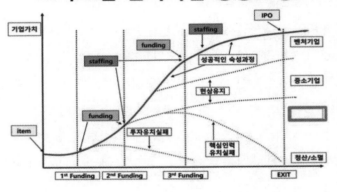

## 스타트업 벤처기업 성장모형

- 벤처기업 성장모형: 오른쪽 네모 빈칸이 바로 '좀비벤처' 즉, 한계 기업을 말한다.
 (출처: 한국CFO스쿨)

위 그래프를 보게 되면 핵심 인력 유치에 실패를 하게 되면 좀비벤처가 된다고 나와 있는데, 여기에서의 핵심 인력은 '기술개발인력'이라기 보다는 '사업개발인력'을 의미한다. 대부분의 벤처 창업가들은 실력 있는 기술 인력이며 어느 정도 수준의 핵심 기술을 갖고 있다. 하지만 이들을 도와 제대로 사업으로 진입시킬 수 있는 인력이 없다면 기업은 도태되기 마련이다. 이들을 '비즈니스 디벨로퍼'(Business Developer)라고도 하는데 이들을 구하지 못해 시장에 접근할 기회조차 잃어버렸다는 이야기는 스타트업계에서 무수히 하는 얘기 중 하나이다. 결국 시장을 개발하고 도전하는 일은 내팽개쳐 두고 정부과제에만 집중하는 좀비기업이 늘어났다는 것을 의미한다.

최근 스타트업 생태계에서 지적되고 있는 '스타트업 놀이'는 좀비 벤처와는 또 약간 다르다. '문제점'은 제대로 포착했지만 '솔루션'을 제대로 만들지 못해 성장을 못하고 있는 케이스라 할 수 있다. 한마디로 개발 능력이 없는 팀이다. 아이디어(아이템) 하나로 스타트업이 되긴 했지만 실제 사업은 펼치지 못하는 경우다. 이들이 매출을 만들지 못하게 되면 결국 자금 고갈에 시달리게 되고 조직이 붕괴하거나 다른 아이템으로 피봇(변경)하게 된다.

아래 내용은 나도 모르게 스타트업 놀이에 빠진 것은 아닌지 체크해볼 수 있는 항목들이다. 심사위원이나 멘토로 활동하고 있는 엔젤투자자 및 벤처캐피털 심사역들과 함께 정리한 내용으로 다음의 아홉 가지 중 다섯 가지 이상이 우리 회사 모습과 같다면 지금 스타트업 놀이를 하고 있다고 의심해 봐야 한다.

### 공모전 상금으로 버틴다

초기 학부생 창업팀의 경우 거액의 상금이 걸린 정부기관 주관의 창업경진대회에서 수상이라도 하게 되면 세상을 다 얻은 것 같은 기분이 든다. 이렇게 창업을 시작하면 젊은 패기와 에너지로 짧은 시간 안에 회사를 성공시킬 수 있게 되기도 하지만 자칫 각종 공모전만 찾아다니며 1,000만 원 혹은 5,000만 원의 상금을 노리는 '바운티 헌터'(Bounty Hunter, 현상금 사냥꾼) 스타트업이 되기도 한다.

공모전과 창업 오디션 등은 사업 초기에 우리 팀의 사업 모델을 검증하는 수단으로 한두 번 나가서 장려상 이상을 받았다면 그것으로 충분하다. 그다음에는 회사 성장에 온 에너지를 쏟는 것이 정상이다. 너무 자주 심사위원들의 눈에 띄면 오히려 이미지가 안 좋아질 수 있다.

### 몇 개월 동안 아무것도 달라진 것이 없다

벤처캐피털 심사역들과 엔젤투자자들은 창업가를 만나고 사업 계획에 만족했다고 해서 바로 투자금을 주지는 않는다. 이들은 최장 1년 해당 스타트업을 지켜본 후 투자 여부를 결정한다. 물론 엄청난 원천 기술이라 바로 투자금을 꽂아주는 경우도 있지만 이는 굉장한 기술을 가졌거나 그럴 수 있는 팀이라고 판단되는 경우에만 그렇다.

현명한 투자자들은 창업가를 주기적으로 만나며 밥도 사주고 커피도 사주는데, 그 이유는 2~3개월 간격으로 사업 개발의 추이를 보기 위함이다. 당연히 아무것도 달라지지 않은 팀에는 절대 투자하지 않는다. 사업 개발도 안 되고 특별한 움직임도 없이 스타트업 놀이에만 빠져 있는 회사에 누가 투자를 하려고 하겠는가.

## 인원이 증가되지 않는다

사람을 뽑는 것은 대표의 제1 덕목이다. 일이 잘된다면 당연히 사람을 뽑아야 한다. 일이 잘되려면 좋은 실력을 갖춘 사람을 삼고초려 해야 한다. 돈이 없다면 최대 주주가 보유하고 있는 자신의 지분 중 일부를 주어서라도 모시고 와야 한다. 투자자들은 기술보다 대표의 능력을 더 중요하게 본다. 이때 대표의 인맥을 보는 것이 아니라 팀원을 초빙해 오는 능력을 본다. 물론 20명이 넘어가면 그때부터는 조정 기간이 있을 수 있다. 모든 케이스를 동일하게 볼 수는 없지만 인재 영입이 없다면 우리도 스타트업 놀이를 하고 있는 것인지 모른다.


## 뭘 해결하고자 하는지는 명확하나 솔루션이 없다

스타트업 놀이를 하는 스타트업과 좀비벤처의 가장 큰 차이점은 바로 이 지점이다. 좀비벤처는 양산까지는 못 가더라도 보유기술로 프로토타입, 시제품까지는 만든다. 하지만 스타트업 놀이를 하는 팀은 '발표'만 주구장창 한다. 공모전이나 데모데이 상금이 수익 모델일 정도로 발표만 하러 다닌다. 자신들이 정의한 문제를 기술로 해결해야 한다는 것을 알면서도 그 기술을 구하러 열심히 다니지 않는다. 훌륭한 발표로 청중들을 매료시키지만 이후 액션을 이어가지 않고 시간만 보내다 주변의 따가운 시선을 받게 되면 크라우드 펀딩 등으로 자신들의 존재 가치를 입증받기 위해 노력하지만 결국에는 실패를 맞게 된다.


## 창업지원센터 담당자들과 친하지만 결과물은 없다

대인관계 능력이 좋은 기업들이 있다. 커뮤니케이션 능력은 스타트업 성공을 위해 중요한 항목이지만 스타트업 놀이를 하는 기업은 이를 마치 사업의 본질인양 생각한다. 창업 지원기관 담당자들과 친밀한 관계를 유지하며 여러 가지 정보 흡수는 빠르게 할 수 있지만 결국에는 관계를 이용한 마케팅 프로모션만 화려할 뿐이다. 요즘에는 창업 지원 기관 담당자들도 그런 사실을 잘 알고 있다. 그러니 적당한 수준에서 관계를 유지하고 매출이나 회원가입 그리고 앱 다운로드 트래픽 같은 숫자와 실력으로 승부해야 한다.

### 자기 아이템 보다 남의 아이템에 더 관심을 쏟는다

창조경제혁신센터 뿐만 아니라 위워크, 패스트파이브, 스파크플러스 등 트렌디한 코워킹 스페이스가 많아지면서 오픈스페이스에서의 창업이 각광을 받고 있다. 스타트업 놀이에 빠진 스타트업들은 각종 지원 프로그램을 이용해 이곳에서 사무실을 얻고 다른 스타트업들과의 교류 시간을 이용해 남의 아이템에 '감 놔라, 배 놔라' 하면서 멘토링을 한다. 내 사업에 집중하는 것이 더 중요한 일임을 잊어서는 안 된다.

### SNS 유명 인사들과 어울리지만
### 매출이나 비즈니스 모델은 없다

회사를 알리는 것은 중요하다. 특히 팔로워가 많은 SNS의 유명 인사들과 친분을 노출하는 것은 돈을 쓰지 않으면서도 마케팅 효과를 얻을 수 있는 좋은 방법이다. 하지만 회사 브랜드만 계속 알리고 제품이나 서비스는 몇 년째 답보

상태라면 유명 인사들도 슬슬 피하기 시작한다. 확실한 제품과 서비스를 가지고서 회사를 알리는 것에 먼저 집중하자. 선후가 중요한 것은 아니지만 스타트업일수록 본질에 집중해야 한다.

### 현장의 의견을 중시하지 않는다

많은 스타트업들이 '시트콤 시나리오'에 기반해서 창업을 하는 오류를 범한다. 실제로 구매하거나 사용할 사람들의 의견을 물어보지 않고 사업을 시작하는 경우를 말한다. 책상머리에서 인터넷 검색으로 뉴스나 보고서 몇 장을 보고 창업 아이템을 설정하는 경우라 할 수 있다. 답은 항상 현장에 있다. 스마트 헬멧을 만들 것이라면 현장의 안전관리자에게 무게, 사용되는 상황, 가격적 부담, 필요한 기능 등 수만 가지 질문을 하고 답을 구하는 팩트 체크를 해야 한다. 현장을 멀리하는 스타트업에게 성공은 절대 오지 않는다.

### 해외진출 행사만 수시로 참여한다

창조경제혁신센터와 각 지역별 테크노파크, 창업진흥원, 본투글로벌 센터, 그리고 글로벌 TIPS 프로그램, 코트라 지원사업 등 다채롭고 화려한 프로그램이 있다 보니 해외진출의 기회가 예전보다 점점 늘고 있다. 하지만 해외 행사에만 관심을 기울이고 국내 시장에서의 검증은 외면한 채 "우리는 한국 시장은 관심없다"고만 말하는 것은 매우 위험한 행동이다.

현재 미국지사와 유럽지사를 설립하고 해외시장을 적극 개척하고 있는 재활의료기기(뇌졸중 재활환자를 위한 스마트 글러브) 기업 네오펙트의 경우 한국에서 자신들의 실력을 숫자로 증명하고 이를 신뢰한 투자자들과 창업 지원 기관들의 적극적인 지원을 바탕으로 미국에 진출한 후 좋은 성과를 올리고 있다. 우리나라는 미국이나 중국에 비해 시장규모는 작지만 2,500만 명에 가까운 인구가 수도권에 집중되어 있고 IT 인프라가 좋은 곳이다. 그래서 '테스트 베드'로는 최고의 국가이다. 한국에서 먼저 사업의 가능성을 증명하고 그런 다음 해외 진출을 준비하는 것이 순서다.

지금까지 우리 기업이 스타트업 놀이에 빠져 있는 건 아닌지 스스로 체크해볼 수 있는 항목에 대해 설명했다. 즐거운 기업 문화를 없애자는 것은 아니다. 건강하고 의욕적인 스타트업으로 발전하기 위해서는 기업이 가야 하는 길에 대한 내실도 충분히 다져야 한다는 것을 말한다.

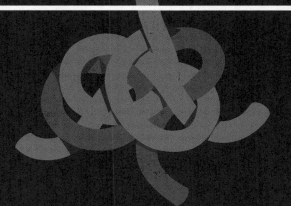

# 2부

## 창업가에서
## 대표이사로

# 16. 대표이사의 미션 세 가지

여러분은 창업가의 단계에서 대표이사의 단계로까지 올라왔다. 여러분의 조직은 그새 커졌고 몇 번의 창업심사대회에서 좋은 평가를 얻어 자신감도 충만해졌다. 사업기획을 담당할 담당자도 구했고 개발자도 충원했다. 이제는 창업 동아리 시절처럼 친구들과 재미있는 일을 하는 단계를 떠나 본격적으로 비즈니스를 해야 하는 단계다.

　대표이사의 자리는 창업가의 자리와는 많이 다르다. 대표라는 호칭은 같지만 회사의 모습을 어느 정도 갖춘 곳의 대표는 책임감은 더 높아지고 고민도 많아진다. 이제부터는 어느 정도 규모를 갖춘 조직의 대표가 되었으니 직접 실무를 챙겨야 하는 일도 점차 줄어든다. 좀 더 폭넓은 고민을 해야 하고 개발과 기획이 아니라 경영을 하는 습관을 들여야 한다. 그럼에도 대표이사가 반드시 실무적으로 챙겨야 할 세 가지가 있다. 그것은 바로 '사람 모셔 오기' '돈 구해오기' '사람 잘 내보내기'이다. 기업이 계속 성장하기 위해서는 문제를 발견하고 문제를 해결하는 것이 중요한데, 이를 위해 필요한 자원을 소싱하는 것이 대표이사의 가장 큰 미션이다.

대표이사가 반드시 기억하고 있어야 할 미션 세 가지를 하나씩 알아보자.

### 사람 모셔 오기

사람을 데리고 오는 것은 배의 선장인 대표이사의 필수 업무이다. 신박한 비즈니스 모델 발굴이나 '기깔난' 시스템 개발은 대표이사의 업무가 아니라 CSO나 CTO의 역할이다. 대표이사는 임원들이 성과를 잘 낼 수 있도록 구성원을 충원하는 임무를 갖고 있다.

'좋은 사람'이 필수는 아니다. 물론 삼국지의 제갈량 같은 훌륭한 사람이 있다면 밤을 새워서라도 모셔와야 한다. 하지만 솔직히 이력서와 잠깐의 면접만으로 좋은 사람인지 아닌지 판단하기는 매우 어렵다. 그래서 면접 때 '싸한 느낌'만 없고 직능에만 맞으면 3개월(수습 기간)간 서로 합을 맞추면서 그 사람에 대해 집중적인 판단을 하도록 임원들과 논의하면 된다. 물론 3개월 만으로 판단하기 힘든 경우도 있지만 그래도 최선을 다해 관찰해야 한다.

조금이라도 더 좋은 사람을 구한다면서 계속해서 사람을 안 뽑는 경우가 있는데, 그렇게 되면 3~4명 수준의 소기업으로 10년 이상 장기간 유지가 된다. 그런데 투자자들은 그런 작은 기업에는 투자하지 않는다. 돈을 아껴 소소하게 경영하고 있는 회사에 어느 투자자가 투자할 생각을 하겠는가? 경영적으로 영업이익률이 나쁘지 않다면 소규모 경영도 그리 나쁘지는 않지만 경제적 위기는 언제든 올 수 있다. 그러니 규모를 키우는 노력을 해야 한다.

그래서 대표이사가 첫 번째로 해야 할 일은 일단 '사람 모셔오기'이다. 비즈니스모델이 자선 사업이 아닌 이상 어느 정도의 능력(기능)이 있는 사람이 합류하면 '자기 몫'은 하게 되어 있다. 특별히 해야 할 일이 없는 상황에서 사람을 많이 채용하면 안 되겠지만 '뽑아 놓으면 제 밥값은 한다'는 말도 어느 정도는 맞는 말이다. 인건비에 대한 과한 걱정보다는 역할과 책임을 적절히 부여하며 일단 '모셔온 사람'들과 사업을 진행해보자.

### 돈 구해오기

돈을 구해오는 방법에는 세 가지가 있다. '돈 빌려 오기'(대출)가 있고, '돈 받아 오기'(투자유치)가 있고, '돈 벌어

오기'(매출)가 있다.

대출에 대해서는 많은 창업가들이 거부감을 갖고 있는데 사실 '지분 상실' 없이 돈을 융통할 수 있다면 좋은 일이 아닐 수 없다. 그래서 혹자는 투자보다 대출이 낫다고 말하기도 한다. 게다가 최근에는 기술보증기금, 신용보증기금에서 보증을 잘 해주기 때문에 제대로 된 사업계획서만 있다면 그리고 신용 관리를 일반적인 수준으로만 해왔다면 대출받는 것이 그리 어려운 일이 아니다.

투자유치의 경우 2022년 기준으로 약 400개에 가까운 액셀러레이터, 200개가 넘는 창업투자사(벤처캐피탈)들이 있지만 '창업자의 가설'(비즈니스 모델)이 매출이나 트래픽으로 증명이 되지 않는 이상, 사업계획서만으로는 투자유치가 어렵다. 창업경진대회에 나가 여러 상을 수상하는 것은 분명 좋은 일이지만 투자자들은 그 부분을 크게 생각하지는 않는다. 얼마나 당신의 사업 모델이 고객들로부터 '검증'되었는지만 따진다.

정리하면, 돈 구해오기의 가장 최고봉은 매출이다. 장사와 사업의 구별이 쉬운 것은 아니지만 소상공인 수준의 비즈니스 모델만 아니고 실제 소액이라도 매출이 있다면 투자 유치는 한결 쉬워진다. 당연히 대출도 쉬워진다. 몽상가 스타일의 사업가들에게는 억울할 수도 있겠지만 '고객으로부터 받은 돈'만큼 정직한 '검증 수단'은 없다.

## 잘 이별하기

'영 아닌 사람'과 이별을 잘 못하는 대표 밑에는 일은 안 하고 인건비만 축내는 무시무시한 좀비 조직이 형성될 가능성이 높다. 그래서 대표이사에게는 이 미션이 가장 중요하다.

앞서 첫 번째 미션을 얘기하면서 '사람 모셔오기'라고 했지 '좋은 사람 모셔오기'라고 하지 않았다. 사람들 생각은 저마다 달라서 완벽히 좋은 사람을 찾는 것은 불가능하다. 그렇다고 노동 유연성이 낮은 한국 노동법 실정에 맞춰 무한정 데리고 있는 '자선사업가' 역할을 할 수도 없다. 채용 후 3개월이 지나면 해고하기도 어렵다. 그래서 '잘 이별하기'는 정말 중요하다.

남녀간의 이별에는 여러 가지 이유가 있지만 성격 차이로 이별하는 경우가 가장 많다. 조직에서 내보내야 하는 사람의 경우도 이와 유사하다. 조직이 가려는 방향과 생각이 다르다면 이별을 고려할 수밖에 없다. 이런 낌새가 있는 직원을 대표이사는 적극적으로 만나고 대화를 하면서 공감대 형성을 위한 노력을 해야 한다. 그런데 그렇게 했음에도 변하지 않는 간극이 있다면 어쩔 수 없이 이별을 통지해야 한다. 그리고 능력이 부족해서 함께하기 힘든 경우 능력이 부족해서 이별한다는 느낌보다는 직원이 생각하는 방향이 우리 사업과 성격이 맞지 않아 이별할 수밖에 없다고 조금은 돌려서 얘기하는 게 좋다. 사람을 평가하는 기준은 회사마다는 물론이고 개인마다도 다르기 때문에 그 친구의 능력이나 잠재력을 단정 지어서 말하는 것은 무척 어렵고 위험한 일이다. 단지 우리 회사에서 필요로 하는 능력이 아니라고 얘기하는 게 맞다.

그리고 떠나는 사람을 위해서는 우리 회사에서의 경력을 포함해 연봉을 올려서 갈 수 있는 다른 회사를 추천해주면 더 좋다. 밸류 체인(Value Chain)상 우리 회사보다 높은 레이어(흔히 말하는 '갑')에 위치한 회사에서 경력사원을 뽑는지 알아보고 추천장을 써주는 등의 노력을 기울여 준다면 충분히 서로에게 만족스러운 이별이 될 수 있다. 내 경험을 들자면 특허사무소에서 함께 일하기 힘든 친구가 있었는데, 연봉을 높이면서도 원만하게 이별할 수 있도록 기업 내 특허 담당자로 자리를 알아보고 추천을 해주었다. 결과적으로 그 친구는 좋은 기업에 잘 합류해 자신의 능력을 마음껏 펼치게 되었다. 그리고 그 친구가 우리 특허사무소를 여러 기업에 소개해주는 등 도움도 많이 주었다.

비즈니스 관계는 유한하지만 인간관계는 이처럼 계속 이

어진다. 좋은 이별을 통해 서로 도움이 되는 관계가 될 수 있다면 마음의 상처가 아닌 풍성한 인간관계의 확장이 될 수 있다.

이상으로 대표이사의 세 가지 미션을 살펴보았다. 대기업처럼 큰 조직에는 해당되지 않는 내용일 수 있지만 스타트업과 벤처기업 그리고 중소기업에서는 이 세 가지 미션이 정말 중요하다. 개발과 전략은 동료들에게 맡기고 대표이사는 미션 세 가지에 집중해야 한다. 지난 10년의 경험을 통해 깨달은 것이다.

## 17. 조직운영, 직함 체계 정하기

조직이 점점 커지기 시작하면 조직도를 그리게 되고 직함
체계를 정해야 한다. 그런데 이공계 출신의 창업자들은 일
만 잘하면 되지, 호칭을 뭐라 하던 그게 무슨 상관이냐? 라
고 생각하는 경우가 종종 있다.

공공기관들을 보면 주임, 대리, 계장, 과장 등의 직위명
을 사용하는 경우가 아직 많은데 호칭에 따라 직원들 사이
에 상당한 영향과 위계가 형성된다. 요즘 스타트업은 이 같
은 호칭을 쓰지는 않지만 그렇다고 직책을 모조리 없애고
전원 '매니저'라고 하는 것도 조직의 위계를 무너트리는 것
이 될 수 있다. 최근에는 수평 조직이라고 해서 직급별 호칭
을 아예 없애고 닉네임으로만 서로 부르는 스타트업도 많
다. 이처럼 직함을 정하고 운용하는 것에 있어서는 정답이
없다. 창업가가 어떤 문화를 가진 기업으로 만들 것인가, 어
떤 문화가 있을 때 일이 잘될까, 이를 고민하고 이를 반영한

조직과 직함 체계를 만들면 된다.

기술 스타트업들이 공통적으로 많이 시행하는 방법 중 한 가지가 '연구 조직'과 '비연구 조직'으로 나눠 직책 이름을 결정하는 방식이다. 연구 조직은 말 그대로 R&D를 수행하는 조직이다. 조직이 해결하고자 하는 문제의 근본적인 해결 방법을 찾고 이러한 해결 방법에 기반한 아이디어를 내고 이를 기술로 구현하는 조직이다. 연구소에 속하는 직원은 '연구원'으로 직책을 부여한다. 초년기에는 일반 연구원 그리고 순차적으로는 선임 연구원, 책임 연구원, 수석 연구원 순으로 칭하는 것이 일반적이다. 과장, 대리라는 표현은 회사 내에서 직급의 높낮이만 표시하는 직함이며 직의 방향성을 표현하기에는 한계가 있다. 하지만 연구원이라는 직책은 직의 방향성에 대해서도 분명하게 정의를 내려주며 자신의 본분에도 충실할 수 있도록 하는 호칭이다.

내가 속한 특허법인도 변리사 이외에 특허출원 사건에 기여하는 많은 사람들이 있다. 변리사가 출원인과 상담을 하고 상담으로 접수된 내용을 기초로 전문성 높은 청구항 설계를 하면, 상세 설명과 도면을 작성하는 일은 연구원(명세사)들이 한다. 물론 청구항이 가장 중요하지만 상세한 설명과 도면 부분은 청구항에 담긴 발명을 양적으로 풍부하게 하는 것이라 이 또한 중요한 일이라 할 수 있다. 특허업계에서는 이 일을 하는 사람들을 오랫동안 '명세사'라고 칭했다. 하지만 나를 이를 문제점으로 여겨 특허법인을 창업하고 나서 이들에게 '연구원'이라는 직책을 쓰도록 했다. 지식재산에 대한 연구를 함께한다는 뜻을 내포하고 있다. 그래서 연구원, 선임연구원, 책임연구원, 수석연구원으로 직급을 마련했다. 그리고 인사와 총무 업무를 담당하는 직원들은 그대로 부장, 과장, 대리 호칭을 쓰도록 했다. 또한 업무 특성상 고객들과 커뮤니케이션이 많고 외부 행사가 많은 직원에게는 예외적으로 '매니저'라는 직함을 주어 활동력을 배가시켜 주었다. 팀장은 팀을 운영하는 리더를 부르는 호칭이기 때문에 연구원이나 과장 대리보다 더 우선해서 호칭하도록 했다. 즉, 연구원 중에서도 팀장이 있고 총무팀에도 팀장이 있는 방식이다.

직함은 초기 5명 이하의 조직에서는 크게 중요성이 부각되지 않으나 20명이 넘어가면서 여러 가지 측면에서 중요해진다. 이름 하나에서 자신의 롤을 스스로 찾는가 하면 회사의 비전과 방향을 이름 하나에 담을 수도 있기 때문이다.

스스로 특별한 일을 하는 특별한 존재로 정의할 수 있는 것이 직함이다. 그렇지만 직함을 너무 남발하게 되면 직함을 둘러싼 조직 내 갈등을 만들고 균열의 씨앗이 되기도 한

다. 그래서 운용의 미를 잘 발휘하는 것이 중요하다. 직함은
사람의 마음을 편안하게 만들어주고 일할 맛을 주는 것이
되어야 한다.

# 18. 대표이사의 커뮤니케이션 스킬

"대표님은 투자를 결정할 때 무엇을 가장 중요하게 보시나요?"

각종 패널 토론이나 강의 때 가장 많이 듣는 질문 중 하나이다. 50개가 넘는 스타트업에 투자했고, 전략기획이사, 대표이사 등으로 직접 참여한 기업이 20개 정도나 되는 나에게 있어서는 당연한 물음이고 당연히 있어야 하는 기준이다. 나는 이 질문에 답하기 위해 오랫동안 고심을 했고 그 끝에 딱 한 가지를 꼽았다. 내가 뽑은 것은 바로 대표이사의 '커뮤니케이션 스킬'이다.

약간 과장을 보태 대표이사(리더)의 커뮤니케이션 스킬만 보면 그 기업(조직)이 잘 될지 안 될지 미래가 점쳐진다. 굳이 스타트업에 한정할 필요도 없다. 모든 조직에 적용되는 원칙이라 할 수 있다. 그럼 지금부터 대표이사가 익혀야 할 커뮤니케이션 스킬들을 하나씩 살펴보자.

### 투자자와의 커뮤니케이션

주어와 목적어 그리고 시기를 말하지 않거나 애매하게 말하는 대표이사들이 상당히 많다. 그 일을 했는지, 언제 했는지, 무엇을 했는지를 두루뭉술하게 이야기한다. 일부러 그렇게 말하는 것이라면 그 대표이사는 상대방 머릿속에서 발생하는 '기대'를 잘 이용하는 것이지만 습관적으로 그런 식으로 말한다면 명확하지 않은 커뮤니케이션으로 '사고 칠' 가능성이 높은 리더라 할 수 있다.

투자자로서 이런 대표들을 대응할 수 있는 유일한 방법은 '되묻는 것'밖에 없다. 그런데 되묻는 행위는 결국은 커뮤니케이션의 비용을 늘이는 것이 된다. 그래서 투자자들은 이런 기업에는 투자를 진행하지 않는다.

### 직원 및 하급자와의 커뮤니케이션

대표이사가 직원들에게 업무 지시를 하는 모습 또는 직원들과 대화를 나누는 모습을 잘 관찰하면 그 조직의 미래가 쉽게 점쳐 진다. 앞서 지적한 것처럼 직원과의 커뮤니케이션에서 주어, 목적어, 시기를 두루뭉술하게 말하면 일이 올바르게 진행되기가 어렵다. 어떠한 업무를(목적어), 누가

(주어), 언제까지(시기) 해야 하는지 구체적으로 전달해야 직원들은 별 고민 없이 자신의 '책무'를 시작할 수 있다. 물론 문제해결능력이 있는 직원에게는 시기(예를 들면, Due date)만 정해서 알려주고 나머지는 알아서 하라고 할 수도 있다. 그의 성장을 위해서도 그렇게 하는 것이 바람직하다. 하지만 그렇지 않은 일반 직원들에게까지도 그렇게 했다가는 명확하지 않은 커뮤니케이션으로 일을 그르치게 된다.

그리고 자신이 그런 화법을 가졌다는 걸 모르는 대표이사는 문제가 발생해도 문제의 원인이 자신이라는 걸 생각하지 못하고 직원에게 책임을 전가하기도 한다. "왜 저 직원은 내 마음을 모르지? 왜 회사 일을 자기 일처럼 생각하지 않지?"라고 한숨을 내쉬지만 그것이 자신의 커뮤니케이션 문제임은 깨닫지 못한다. 이런 리더를 만난 직원 또는 하급자들은 어떨까? 리더의 눈치만 보고 구체적인 지시만 기다리게 된다. 하지만 이런 리더를 만난 직원이라면 용감하게 '되묻는 것'이 최선의 방법이다.

리더 입장에서 직원들이 내가 한 지시 사항을 자꾸 되묻거나 말귀를 잘 못 알아듣는 것 같다는 생각이 든다면 일단 나의 커뮤니케이션 스킬부터 의심해볼 필요가 있다.

## 고객과의 커뮤니케이션

우연한 계기를 통해 빠른 시간 안에 사업 성과를 맛보는 경우가 있다. 하지만 이런 경우 고객들의 뜨거운 반응은 언제 그랬냐는 듯 얼마 가지 않아 금방 식게 된다. 이때 원인 파악을 하고 재빨리 후속 조치를 이어가야 고객의 기억에서 사라지지 않는 기업이 된다.

버진그룹을 이끄는 리차드 브랜슨은 "비즈니스는 사람들의 관심을 끄는 것이다"라는 명언을 남겼다. 이는 단순히 관심을 만드는 것만 의미하지 않는다. 관심을 유지하는 것도 정말 중요하다. 호기심 끌기에는 성공했지만 제대로 된 상품과 서비스를 제공하지 못하면 여지없이 고객의 기억 속에서 사라지게 된다. 고객과의 꾸준한 커뮤니케이션과 이들의 욕망이 무엇인지 계속 탐구하는 것도 리더가 가져야 할 태도이자 고객을 만날 때마다 취해야 할 중요한 스킬이다. 그래야 잠깐 찾아온 기회를 발판 삼아 계속적인 성공을 만들어 갈 수 있다.

사업 시스템이 정착되고 매출도 비교적 수월하게 유지가 된다고 하면 대표이사는 이제 여유를 가지고서 골프도 치고 '자본가들'과도 어울리며 스스로 신분이 달라졌다는 기분을 느낀다. 그리고는 회사는 괜찮은 관리자에 의해 자동으로 굴러가고 있다고 생각한다. 하지만 시스템에 의해 돈이 벌리는 시간은 얼마 되지 않고 '고객들의 욕망'은 계속해서 변해만 간다. 대표이사가 이를 캐치하지 못하고 대표병에 빠져 있다면 사업은 변해버린 고객에 의해서 버려지게 되며 회사는 점점 와해의 길로 들어서게 된다. 반면, 언제나 긴장감을 가지고 고객과의 커뮤니케이션을 중요하게 생각하고 이를 잘 챙긴 리더는 대화 과정에서 또 다른 문제점을 발견하고 이를 새로운 사업의 기회로 만들기도 한다.

대표이사의 커뮤니케이션 스킬은 사업의 전 과정에서 중요한 역할을 한다. 투자자와 사업파트너들과의 커뮤니케이션, 직원과 동업자들과의 커뮤니케이션 그리고 고객들과의 커뮤니케이션은 각기 서로 다른 대상을 향해 있지만 결국은 사람으로 수렴된다. 그들이 어떤 마음을 갖도록 하는지가 대표이사의 가장 중요한 역할이다.

# 19. 대표이사의 외로움

대표이사가 되면 이구동성으로 '외롭다'는 말을 한다. 몇 명 안 될 때는 모두가 한솥밥 먹는 기분으로 일도 재미있고 즐거웠는데, 조직이 커지고서부터는 괜히 대표라는 이름의 무게감 때문인지 이전처럼 자유롭게 행동도 못하고 직원들에게 친근감을 표하기도 어려워진다. 그리고 어느 순간부터는 직원들이 나를 피하는 것 같기도 하다.

나는 매년 200개가 넘는 사업계획서를 검토하고 300명이 넘는 스타트업 대표들을 만나 밥도 먹고 술도 먹고 하면서 대표이사의 외로움을 고민해본 적 있다.

그간 스타트업 대표들과 나눴던 대화를 바탕으로 대표이사의 외로움이 무엇이고 어떻게 해결할 수 있는지 나름대로 정리해보았다. 참고가 되었으면 좋겠다.

## 혼밥 하지 않기

대표이사의 혼밥은 가장 좋지 않은 케이스다. 혼자 밥 먹는 대표들이 생각보다 많다. 시간이 부족해서 스마트폰을 보면서 스트레스를 풀려고 직원들이 나를 불편해 하니까 등등의 이유가 있다. 열심히 일하는 것은 좋지만 밥은 직원들 또는 비즈니스 파트너들(거래처, 멘토, 투자자, 공무원, 동문, 친구)과 함께하는 것이 좋다. 고객 또는 잠재 고객과 밥을 함께 한다면 영업도 되고 제품, 서비스 개발에도 도움이 되므로 가장 좋다고 하겠다.

그리고 밥을 먹으면서는 그들의 이야기를 잘 듣는 것이 무엇보다 중요하다. 밥을 먹으면서 우리 사업이 얼마나 재미있고 좋은 일인지 얘기 나누고 고객들이 무엇을 원하는지 이야기해보는 것이 중요하다. 카톡으로 "시간 되느냐"고 물어보기만 하면 된다. 그러면 대표이사의 외로움은 줄어든다.


## 독방에서 벗어나기

독방(임원실)은 구시대적 기업 문화이다. 문에 '대표이사실'이라고 붙어 있으면 폼은 좀 나겠지만 커뮤니케이션의 비효율은 막을 수 없다. 유리방은 밖에서 안이 보이니 그나마 낫긴 하겠지만 정보 교류를 막는다는 점에서는 동일하다.

독방에 대표이사 혼자서 모든 걸 혼자 고민하는 것은 수평적 문화에도 반한다고 할 수 있다. 혼자 독방에 앉아 일하고 있으면 직원들이 점심 먹으러 갈 때도 대표이사를 부르지 않는다. 그리고 이 기회를 놓치면 회사가 어떻게 돌아가는지도 알기 어렵다. 물론 혼자만의 공간이 필요할 수는 있다. 그럴 때는 회의실 하나를 도서관처럼 꾸미면 된다. 그곳에서 시간을 보내며 생각을 정리하면 된다.

대표이사는 쉬면서 생각을 해야 할 필요가 있는 사람이다. 그래서 독방이란 게 탄생했지만 이제는 독방이 대표이사를 직원들과 차단시키며 회사의 의사결정을 늦추고 직원들에게 결제 압박을 제공하는 구시대적 기업 문화가 되었다. IT 최대 기업 중 하나인 페이스북에도 CEO룸이 없다고 한다. 수평적 문화는 스타트업 입장에서 고속 성장의 원동력이다. 수평적 문화를 얘기하며 우리는 직책 대신 이름을 부르는 문화도 받아들였다. 마찬가지로 독방도 고집할 이유가 없다.

## 매니저 역할을 직접 하지 않기

업무 지시는 당연히 할 수 있지만 업무 지시와 성과 관리는 이사 이하 매니징 파트너들이 해야 한다. 대표이사는 비전과 철학 그리고 기업의 거버넌스를 공고히 하는 데에만 최선을 다하면 된다. 그러기 위해서는 밖으로 나가 사람들을 만나고 멘토를 모시고 고객의 소리에 귀를 기울여야 한다. 투자자, 주주들이 아무리 '쪼아댄다' 하더라도 대표이사가 매니저가 되어서는 안 된다. 실적을 위해 조직원들을 쪼아봐야 외로움만 더 깊어진다. 오히려 본부장(이사)에게 혼난 직원을 챙겨야 하는 것이 대표이사의 일이다. 조직 관리, 성과 관리를 위해 이사들을 뽑고 지분을 분배한 것도 결국 대표이사가 하기 어려운 일을 대신하기 위해서다. 맡길 건 맡기자.

### 가끔은 '목적 없는 대화' 즐기기

창업가 단계를 지나 대표이사가 되면 시간이 돈보다 더 중요하다. 대부분 대표이사들은 시간을 쪼개고 쪼개 살아간다. 그래서 대표들은 사람 만나는 것도 '목적 달성'을 위해 만나고 모임에 나가서도 회사 이야기만 줄기차게 한다. 그러면서 다른 사람 이야기는 잘 듣지도 않고 다른 사람의 사업과 인생에 대해서는 질문도 하지 않는다.

질문을 하지 않으면 상대방을 알 수 없다. 사업의 기회는 상대방이 누구인지 파악하는 것에서부터 시작된다. 정말 허름한 차림의 말 없는 노인이 엔젤 투자자일 수도 있고 말은 잘 못하지만 모임에 처음 나와 수줍음을 타는 친구가 '슈퍼 개발자'일 수도 있다. 그러니 질문을 하지 않는다면 그런 소중한 인연들은 그냥 지나쳐 버리게 된다. 그러면 대표는 더더욱 외로워질 수밖에 없다.

'알 수 없는 사람들'과 '목적 없는' 이야기를 해야 일반 소비자 입장에서 내 사업의 조언을 들을 수 있다. 그때 사업 아이템은 풍성해진다.

### 나눔의 자세를 갖기

많은 대표이사들이 멘토를 두고서 조언을 구한다. 그리고 뛰어난 능력을 갖춘 개발자와 디자이너에게 부탁한다. 부탁하는 자세는 좋다. 하지만 좋은 인재를 자기편으로 만들려면 무언가 나누면서 부탁을 해야 한다. 주식이든, 돈이든, 따뜻한 말 한마디든 당신에게 도움을 준 사람에게 무언가 나눠줘야 한다. 그렇지 않다면 야박하다는 평이 순식간에 퍼져 대표는 더욱 외로워진다.

물론 중요한 것(지분)은 너무 쉽게 나누면 안 된다. 하지만 도움을 준 사람들에게는 작은 나눔이라도 해야 한다. 나눔의 자세는 하루아침에 만들어지지 않는다. 사람들은 당신이 나눔의 자세를 보유한 사람인지 아닌지 상당히 빨리 알아차린다.

대표이사들은 결국 스스로를 외롭게 만든다. 대표이사는 사장님이 아니다. 대표이사는 여러 명의 이사로 구성된 이사회를 대표하는 사람일 뿐이다. 그런데 대표이사가 스스로를 사장이라고 생각하기 때문에 회사 구성원들이 당신을 회사의 '가장'(家長)으로 생각하고 어려워한다.

조직원들이 당신을 어려워하면 그 조직은 당신에게 말을 걸지 않는다. 그러면 당신은 외로워진다. 사장님이 되지 말자. 모든 책임을 스스로 떠안지 말자. 당신이 창업했지만 당신은 그저 별개의 법인격인 주식회사 주주들이 선출한 사람일 뿐이다.

그리고 너무 심각하게 생각하지 말자. 밥 같이 먹고 독방에서 나와 권한과 책임을 분배하고 다양한 사람들의 다양한 이야기를 듣다 보면 그리고 뭔가 작은 것이라도 나누다 보면 무거운 책임감에서도 벗어날 수 있다. 그러면 가장 행복한 대표이사가 될 수 있다.

# 20. 대표병을 조심하자

스타트업 비롯해 이제 막 첫발을 뗀 창업 기업들 사이를 떠도는 지독한 전염병이 하나 있다. 이 전염병에 걸리면 기업은 망하게 되며 투자자는 돈을 잃게 되며 직원들은 일자리를 잃게 된다. 그리고 그 기업만 그렇게 되는 것이 아니라 바로 옆 회사로도 전염이 된다. 이 무시무시한 병은 바로 '대표병'이다. 알 만한 엔젤투자자, 벤처캐피털은 다 알고 있는 무서운 병이다. 치료는 가능하지만 생각만큼 쉽지는 않다.

이 병에 쉽게 걸리는 대표들은 어떤 대표들이며 어떤 증상들이 나타나는지 하나씩 살펴보자. 그리고 어떻게 치료할 수 있는지도 살펴보자.

대표병에 걸리면 나타나는 증상

- 모든 것이 쉬워 보인다.
- 지금 당장의 매출보다 미래의 가치가 훨씬 중요하다고 생각한다.
- 세상 사람들이 우둔하여 내가 구현하는 변화를 이해 못 한다고 생각한다.
- 스스로 전지전능하다고 (가끔) 생각한다.
- 법인과 자신(자연인)을 동일한 인격으로 착각한다.
- '짐이 곧 국가'라는 생각으로 기업을 운영한다.
- 초기 투자자들에게 감사할 줄 모른다.
- 브랜드 있는 투자사만 찾아다닌다.
- 제품이나 기술은 여전히 미완성이고 공모전이나 방송 활동 등에만 집중한다.
- 듣기 달콤한 말을 하는 사람들만 곁에 두며 쓴소리를 하는 사람은 멀리한다.
- 직원들을 함부로 대한다.
- 셀럽들과 어울리느라 바쁘다.
- 고객을 만나지도 않고 크게 신경 쓰지도 않는다.
- 회계 항목을 잘 알지 못하고 재무를 신경 쓰지도 않는다.
- 사업계획서를 직접 작성하지 않고 수정하지도 않는다.
- 본인이 직접 일을 하지 않고 아랫사람에게 시키거나 외

주를 우선으로 생각한다.

- 업무협약(MOU) 맺는 것은 좋아하나 구체적인 일은 진행 되지 않는다.
- 언론에 보도되는 것만 신경 쓴다.
- 주주들에게 무신경하거나 함부로 한다.
- 회사의 기업가치를 과도하게 부풀린다.

## 대표병에 걸리기 쉬운 유형과 상황

- 리더십이 강하다: 강한 리더십은 사업 추진 속도를 빠르 게 가져오며 기업의 에너지가 되기도 하지만, 사업 성공 이 곧 손에 잡힐 것 같은 착시 현상을 만들기도 한다.
- 직원들이 빨리 늘어난다: 창업 기업은 조직 규모가 순식 간에 커진다. 4명 규모에서는 대표병이 올 가능성이 적지 만 갑자기 100명의 직원을 두게 되면 대표병이 올 가능성 이 높아진다.
- 과도한 책임감에 휩싸인다: 100명의 직원에 가족까지 포 함하게 되면 4인 가족 기준으로 400명의 생계를 책임진 다고 생각한다. 이들의 생존을 위한다는 높은 책임감은 대표이사의 고집을 만들고 강한 리더십으로 발전해 사업 이나 조직 운영에 악영향을 준다.
- 갑자기 큰 규모의 투자를 받는다: 높은 기술 수준이 아님

에도 시중의 유동 자금이 넘쳐 운 좋게도 큰 규모의 투자를 받게 되었다. 이때는 돈을 어디에 쓸지 결정한 다음 자금을 수혈받는 것이 아니기 때문에 쓸데없는 곳에 돈을 쓰게 될 확률도 높아진다.

- 운이 좋다는 자만을 한다: 운이 좋았을 뿐인데 연속적으로 좋은 결과를 얻다 보니 무엇이든 손만 대면 다 될 것 같다는 착각에 빠진다. 그러다 큰 결정에서 실수를 한 번 하고 나면 회사는 어려워진다. 운은 바뀔 수 있다고 생각하고 신중에 신중을 거듭해야 한다.

## 대표병에 걸린 대표이사 치료법

- 회사가 망하면 된다: 사실 망하면 다 끝이다. 치료고 뭐고 할 것도 없다. 개중에는 '엑시트'(Exit, 창업 투자 자금을 회수하는 것을 의미)를 한 기업의 대표처럼 행세하면서 '블랙엔젤'(무상으로 지분취득을 하면서 회사를 어려움에 빠트리는 사람)이 되는 사람들이 있다. 이런 대표들과는 절대로 친해져서도 안 되고 스스로 그렇게 되어서도 안 된다.

- 소송을 경험한다: 투자자들로부터 소송을 당해보면 안다. 자신이 얼마나 심각한 대표병에 걸려 마땅히 감사해야 할 사람들에게 제대로 못했는지. 투자 경험이 많은 투자자들은 절대 쉬운 투자계약서를 쓰지 않는다. 자신이

투자했지만 대표이사가 대표병에 걸려 회사를 망하게 한 경우 그냥 보고만 있지 않고 소송을 건다. 소송을 당해보면 대표이사의 자리 그리고 투자를 받는 것이 얼마나 어렵고 무거운 자리인지 알게 된다.

- 좋은 멘토들을 가까이한다: 가장 추천하는 방법이다. 요즘에는 멘토라는 말이 오염되었지만 진정 존경 할만한 멘토는 여전히 있다. 하지만 대표병에 빠져 있으면 누가 좋은 멘토인지 아닌지를 구별하지 못한다. 좋은 멘토는 '당신이 듣기 싫어하는 말'을 꾸준히 해주는 사람 중에 있다. 좋은 멘토들을 항상 가까이 모시고 그들을 주기적으로 만나면 대표병에서 벗어날 수 있다.

리더십의 문제, 직원이 갑자기 늘어나는 성장의 문제, 투자의 문제 등 그만큼 대표병이란 누굴 피해 가는 것이 아니라 어떤 회사든 한 번은 거쳐 가는 통과 의례 같은 일이다. 이때마다 유혹을 잘 떨치는 대표는 회사를 지속적인 성장으로 이끌 수 있게 된다.

## 21. 당신은 중요한 사람입니다

좋은 인간관계는 행복한 삶과 사업 성공의 열쇠다. 좋은 인간관계의 기초가 되는 것이 의사소통이다. 의사소통을 어떻게 하는지에 따라 그 사람 혹은 기업의 품격이 결정된다. 무시당하는 것을 좋아하는 사람은 없다. 무시당하고 기분 좋을 비즈니스 상대방도 없다. 누구나 상대방이 자신을 존중해주길 원한다. 대화의 과정에서 '저 사람은 나를 중요하게 생각하는구나'라는 느낌을 주는 사람 그리고 그런 사람이 이끄는 기업은 반드시 성공한다. 데일카네기가 쓴 책 『인간관계론』의 핵심도 바로 그것이다.

기술 개발만 10년 이상 몰두해온 사람들에게는 컴퓨터 모니터랑 대화하는 것이 사람과 대화하는 것보다 편하다. 그런 사람에게는 현실의 만남보다는 온라인상의 이메일, 문자, 텍스트, 댓글이 더 편안하다. 하지만 사업의 기회와 인간관계는 결국 만남을 통해서 이루어진다. 눈빛, 말투, 몸짓에서 '나를 중요한 사람으로 여기고 있는지'가 그대로 드러나기 때문이다. 상대방이 무시당했다고 생각하는 순간 모든 기회는 나에게서 멀리 달아나 버린다. 이처럼 '중시-감'(重視-感, 중요한 존재로 여겨지는 느낌)은 인간관계와 사업 성공에 있어 꼭 필요한 핵심 사항이다.

### 당신은 중요한 사람입니다

동업자든 직원이든 상관없이 어떤 목표를 향해서 같이 일하는 사람에게 '당신은 중요한 사람입니다'라는 느낌을 주는 경영자는 함께 일하는 사람들로부터 항상 존경을 받을 수 있다. 출퇴근 시간을 없애고, 휴가를 언제든 사용할 수 있고, 식사를 제공하는 등의 복지 정책이 중요한 것이 아니라 함께 일하고 있는 사람이 '우리 대표이사가 나를 소중하게 생각하고 있구나' 이렇게 느끼게 하는 것이 더 중요하다. 메일이나 메시지에서 사용되는 글의 어투부터 신경 써보자. 당연한 업무 지시라도 상대방의 마음을 얻을 수 있는 메시지를 보내야 한다.

투자자와의 관계에서도 마찬가지다. 주주들에게 '당신은 중요한 사람들입니다'라는 느낌을 주어야 그들과의 관계가 원만해진다. 하지만 많은 창업가들이 처음 투자받을 때에만 고마워하고 시간이 지나면서 주주들의 존재를 잊어버린다. 큰 성장을 이루는 창업가들은 대부분 '주주서한'을 자주 보낸다. 기간이 정해져 있지는 않지만 주주들에게 회사의 상황을 알리고, 앞으로의 계획을 알리고, 필요한 사항이 무엇인지 요청하는 내용을 담는다. 이러한 주주서한은 그 내용이 무엇이 되었던 주주들에게 '당신은 중요한 사람'이라는 느낌을 준다. 창업한 지 얼마 안 되는 회사의 주주들이 회사의 비전에 공감하고 계속해서 외부에 소문을 내줘야 후속투자도 원활하게 이루어진다.

고객과의 관계에서도 중시감은 중요하다. '고객은 왕이다' '나의 운명은 고객이 결정한다' '고객은 항상 옳다' 등의 문구들이 항상 언급되지만 실제로 그러한 마음을 지속적으로 품고 사업을 하는 창업가들은 생각보다 많지 않다. 창업 초기에는 고객들이 무엇을 원하는지 나름대로 고민도 많이 하고 여기저기 물어도 보면서 서비스와 제품 기획을 했지만 돈이 벌리기 시작하고 일이 바빠지기 시작하면 '역시 내가 옳았어'라는 생각으로 자만심에 빠지게 된다. 직접 발로 뛰며 고객을 만나던 창업가는 이제 시스템을 구축하고 시스템이 고객을 상대하게끔 한다. 그러면 자연스레 고객들과 거리가 멀어지고 새로운 서비스나 제품을 기획하는 속도도 떨어진다. 그 사이에 경쟁사들은 새로운 아이디어로 고객들을 만족시키고 우리의 기존 고객들을 데려간다.

잘 되던 사업이 기울기 시작하면 대표는 여러 가지 외부의 환경적 요인을 이유로 사업이 어려워지고 있음을 평계대지만 근본적으로는 처음 창업할 때 가졌던 고객을 향한 마음을 잃어서 그런 것이다. 고객을 중시하는 마음을 잃으면 당연히 고객의 욕망을 파악하지 못하고 고객이 원하는 서비스와 상품도 만들 수 없다.

　상대방을 중요한 사람으로 생각하는 습관을 만들자. 실제로 상대가 중요할 수도 그렇지 않을 수도 있지만(상대가 그걸 알게 해서는 안 된다) 사업의 성공은 누군가가 나를 좋아해주는 성공적인 인간관계에서 비롯된다.

# 22. 창의력을 죽이는 나쁜 습관

혁신적인 기업은 얼마나 될까? 오히려 변화를 두려워하고 경쟁사를 카피하며 현재 그대로를 유지하려고 하는 기업들이 혁신기업보다 훨씬 더 많지 않을까?

기업들이 어느 수준에 오르면 창업자였던 대표의 눈은 풀어지고 창업 멤버들도 하나씩 떠나고 보상에 대한 얘기만 오가는 상황에 빠진다. 처음에는 존경과 두려움을 동시에 일게 한 기업이지만 어느 순간 그런 이미지는 사라지고 자기 이익만 챙기는 기업이 된다. 그러다가 어느 순간 완전히 사라져 버린다. 왜 그렇게 될까? 혁신은 창의력에서 나온다. 창의적인 리더가 창의적인 조직을 만들고 그런 조직이 '판'을 흔들어야 새로운 시장 질서가 만들어진다.

우리 조직에 '창의력이 메말라 간다'고 생각한다면 그리고 우리 조직이 점점 둔해지고 있다고 생각한다면 혹시 아래 일곱 가지의 '창의력 죽이기'를 하고 있는 것은 아닌지 뒤돌아 볼 필요가 있다.

### 너무 바쁘다

바쁜 사람에게는 좋은 아이디어가 자리 잡을 틈이 없다. 바쁜 사람은 좋은 생각을 할 시간이 없기 때문에 위에서 시키는 일만 반복하게 된다. 대기업에서는 유능한 사원에게 끝없는 업무 지시를 내리고, 대형 로펌에서는 서류 작업 잘하는 손 빠른 변호사에게 사건 배정을 계속한다. 그렇게 되면 결국 평소에 여유 있게 놀면서 가끔 뭔가를 터트려주는 '창의적인'(?) 변호사가 오히려 승진은 더 빠르게 된다. 이처럼 창의력은 아이러니하게도 직장 선배들 비위도 잘 맞추면서 가끔 오후에 사우나도 가주는 '얄미운' 동료에게서 더 잘 나온다. 매일 야근에 시달리는 사람에게 창의력을 기대하기는 어렵다. (물론 이런 관점은 엄연히 개인적인 생각이다. 나와 다르게 생각하는 분들도 있다.)

프리랜서나 디자이너 또는 스타트업 창업가의 경우에도 '바쁨'을 유의해야 한다. 바쁘면 생각할 시간을 후 순위로 미루게 된다. 남의 일을 외주 받아서 하는 것은 먹고살기 위해 어쩔 수 없는 일이겠지만 자신의 실력보다 용역 단가를 낮게 받아서는 안 된다. 스스로 실력자라 생각하면서 홈페이지 디자인을 싸게 받아서 해준다거나 앱 개발을 염가로 해주는 등의 거래는 절대 해서는 안 된다. 그것은 미래를 위해 투자해야 할 '여유 있는 시간'을 싼값에 팔아넘기는 것이고, 항상 저가에 자기 시간을 팔면서 '나는 왜 이렇게 고달프게 살까?'라는 질문을 평생토록 하는 것을 말한다. 굶더라도 자신의 기술 단가를 높게 불러야 한다. 라면만 먹는 궁핍한 삶이 계속 이어진다 하더라도 나의 창의력에 높은 가격을 매기고 시간을 확보하는 것이 훨씬 바람직하다. 나의 창의력이 나의 전략이 되어야지 나의 시간이 나의 전략이 되어서는 안 된다.

생각할 시간이 없으면 그냥 사는 대로 생각하게 된다. 그리고 그 삶은 누군가가 시키는 방향으로만 진행되기 때문에 재미없는 일상이 된다. 바쁘면 안 된다. 혹시 지금, 내가 하지 않아도 될 일을 하고 있는 것은 아닌지 어떤 일을 줄여야 할지 잘 생각해보자.

### 분석만 한다

사람들은 애플의 아이폰 또는 맥북을 보면서 스티브 잡스나 조너선 아이브의 창의력과 추진력에 압도당하고 그들을 칭송했다. 하지만 성공적인 아이디어를 내고자 하는 사람이라면 압도적인 성공작만 분석해서는 안 된다.

아이폰은 초기에 한 손으로 핸드폰을 움켜쥐었을 때 디스플레이 전 영역에 손가락이 접근하도록 해야 한다는 이유로 디스플레이의 폭을 매우 좁게 유지했다. 그러면서 더 많은 콘텐츠를 넓은 디스플레이로 보고 싶어 하는 니즈를 외면했다. 또한 인간의 손가락은 가장 완벽한 스타일러스 펜이다는 스티브 잡스의 고집을 그대로 따랐다. 반면 삼성은 애플의 이런 문제점을 발견하고 실제 수요를 조사하고 기술적 대안을 마련해 갤럭시 노트를 출시했다. 대화면에 고기능 스타일러스 펜을 탑재한 스마트폰을 내놓고 세계 시장에 뛰어들었다. 결과는 성공적이었다. (이후 애플도 애플 펜슬을 따로 만들었다.) 이처럼 분석만 하고 있으면 안 되고 개선하고 실행하는 시도를 해야 한다.

서비스나 플랫폼 비즈니스도 마찬가지이다. 전 세계 수십억 명의 회원을 갖고 있는 페이스북이 영원할 것 같지만 현재 페이스북은 10대 회원들의 이탈을 고민하고 있다. 40대~50대의 가입자들이 페이스북의 대부분을 차지하면서 부모의 간섭과 관찰을 본능적으로 거부하는 10대들은 메시지가 자동으로 삭제되는 스냅챗으로 대거 이동한 상태다. 스냅챗은 현재 미국 10대들의 인기 SNS 플랫폼으로 자리를 잡아가고 있다. 이들이 20대, 30대가 되기 전에 해결 방법을 찾아내지 못한다면 페이스북은 영원히 사라질지도 모른다. 최근 페이스북은 이에 맞서 사명을 '메타'로 바꾸면서 새로운 도전을 이어가고 있다.

성공한 제품을 분석하고 성공 사례만 찬양해서는 절대로 좋은 아이디어가 나올 수 없다. 어차피 그들의 성공 루트를 따라 한다고 해서 똑같이 성공할 수 있는 것도 아니다. 그들의 약점과 문제점을 끈질기게 파악하고 그들을 뛰어넘는 노력을 해야 창의력이 만들어진다.

### 사람을 만나지 않고 공유하지 않는다

고객과 관계사를 만나지 않는 사람에게서 좋은 아이디어가 나올 수 없다. 직접적이든 간접적이든 경험을 공유하면서 문제점을 이야기하고 문제점을 해결하기 위해 아이디어를 만드는 과정에서 좋은 발명이 나온다. 지하실 골방에 틀어박혀 연구만 하는 사람이 위대해 보일 수는 있지만 성공할 가능성은 낮다. 발명은 시장의 방향과는 무관할 것이기 때문이다.

좋은 아이디어는 사람들 간의 공유에 의해 꽃이 핀다. 아이디어의 씨앗은 한 사람의 머리에서 나올 수 있지만 이를 다른 사람에게 공개하고 추가적으로 어떤 문제점이 있는지 다시 토론하고 해결 방법을 찾는 과정에서 아이디어는 점점 더 현실이 된다.

변리사가 이런 말을 한다는 게 조금 이상하게 들릴 수도 있겠으나 특허를 받을 수 있을 정도로 아이디어가 구체화한 것이 아니라면, 혼자 꽁꽁 싸두지 말고 주변의 현명한 사람들에게 의견을 구하는 것이 더 낫다. 만약 아이디어 유출이 정말로 불안하다면 한 장짜리 비밀유지계약을 받고 상대방에게 공개하는 것도 좋은 방법이다.

"이것은 획기적인 발명이다!"라고 혼자 생각하는 것들은 이미 세상에 존재하는 경우가 대다수이다. 선행 기술을 몰라 내 아이디어가 대단해 보이는 것일 뿐이다. 아이디어를 공유하고 추가적인 아이디어를 수집하자. 나누면 커진다. 공유 정신이 사업을 더욱 번창시킨다.

### 책을 읽지 않는다

책을 읽지 않는 사람은 창의력이 떨어진다. 좋은 발명을 하기 위해서는 어느 정도의 '유창함'(전문 지식)을 갖고 있어야 한다. 어렸을 때 발명 특기생으로 주목받았던 친구들을 잘 살펴보면 '질문하는 능력'(문제인식능력)이 뛰어난 경우가 많았다. 하지만 이런 친구들도 책과 공부를 멀리하는 순간 문제해결능력은 사라져 버린다.

책, 잡지, 신문을 반드시 끼고 살아야 한다. 웹 문서로 정보가 전달되고 활자 매체가 줄어드는 사회 환경이긴 하지만, 책과 잡지를 봐야 호기심이 발동하고 좋은 질문이 꽃 피며 다른 사람들이 보지 못하는 기회를 갖게 된다. 네이버 같은 온라인 포털에서 제공되는 뉴스는 모두가 동일하게 보는 단편적인 글이고 언론사들에 의해 노출이 제어된 글이다. 이런 뉴스들은 단순한 사실 전달에 불과하다. 반면 책, 잡지, 신문은 터치스크린에서 표현되는 것도 아니고 글을 보기 위해 스크롤을 해야 하는 것도 아니므로 생각의 여유를 가지면서 볼 수 있다. 바로 이 자그마한 여유에서 창의력이 발생된다.

나의 직무와 상관없는 잡지를 읽는 것도 '유연성'을 확장시키는 좋은 방법이다. 다른 사람들이 한심하다고 생각하는 잡지일수록 유연성 확장에는 도움이 된다. 만약 남성이라면 일주일에 한 시간 정도 은행에 가서 시원한 에어컨 바람을 맞으면서 여성 잡지를 보는 경험이 창의성 배양에 도움이 된다. 은행이나 미용실에서 볼 수 있는 남성 잡지인 〈맥심〉이나 〈GQ〉를 보는 것이 기술에 빠진 나의 뇌에 유연성을 제공해 줄 수 있다.

나노 산화물 가공에 관한 논문 100편을 보는 것이 기술적 전문성을 올리는 데에는 도움이 되겠지만 '신선한' 발명을 하는 데에는 크게 도움이 되지 않는다. 나노공학을 배웠다면 오히려 〈여성조선〉에 나오는 주부들의 여러 가지 고민을 접해보고 〈코스모폴리탄〉에 나오는 여러 가지 트렌드를 느껴보는 것이 신선한 발명을 하는 데 더 도움이 된다.

## 실행하지 않는다

실행해 본 후 실패하고, 왜 실패했는지 분석해서 다시 아이디어를 다시 수정해서 또 실행하고. 이처럼 수많은 실패의 포트폴리오를 갖고 있어야만 세상을 바꾸는 아이디어를 만들어 낼 수 있다. 인류 역사를 통틀어 엄청난 성공을 거둔 발명가들은 모두 다 수백 번 이상 실패를 거듭한 사람들이다. 하지만 진정한 경험을 하지 않고 공상으로만 사업 아이템을 만드는 사람들도 있다. 이들은 정부지원사업이나 투자를 받을 목적으로 또는 상급 부서로부터 아이템 승인을 받기 위해 빠른 시간 안에 그럴듯한 아이템을 급조하는 사람들이다.

인공지능 알고리즘을 기반으로 최적화된 자동차 중고거래 앱을 만든다고 말로만 그럴싸하게 포장하고 발표 자료만 예쁘게 만든다고 투자유치나 사업 승인이 되지는 않는다. 정말로 중고차 거래 앱을 성공시키고 싶은 마음이 있다면 실제로 중고차 딜러를 몇 개월 해보는 게 가장 바람직하다. 실제 그 바닥에서 일어나는 일들을 체험해보고 그쪽의 생태계를 이해한 다음 IT를 입혀야 의미가 있다. 경험과 체

험 없이 IT만 생각해서는 성공할 확률보다 실패할 확률이
더 높다.

대기업의 수많은 신규 사업들이 실패하는 이유도 그들이
직접 뛰지 않기 때문이다. 높은 연봉을 받은 고학력자들일
수록 현장에서 일어나는 일을 공부하기 위해 '출동'하는 것
을 꺼린다. 가봐야 다 아는 내용이라고 생각한다. 그래서 리
서치 업체에 의뢰하거나 그럴듯한 트렌드 분석 보고서를
들고서 상사를 설득하려고 한다. 이렇게 만들어진 사업계
획은 '공상적 사업계획서'이다.

아이디어의 여신은 실행하고 깨지고 다시 도전하는 자에
게 임한다는 사실을 명심하자.


## 편견을 갖는다

편견은 무조건 나쁘다. 편견은 기회의 적이고 나를 고리
타분한 사람으로 만든다. 당신이 진보주의자라고 하더라도
보수주의자의 의견을 경청할 줄 알아야 한다. 다양성을 갖
고 다양한 사람들을 존중해야 창의력이 높아진다. 내가 동
성애자가 아니라 하더라도 동성애자의 말을 들어줄 수 있
어야 하고, 내가 공학박사라 하더라도 시인의 이야기를 이
해하려고 해야 한다. 편견은 나에게 올 수 있는 아름다운 생
각과 기회의 실마리들을 잘라버리는 무서운 존재다. 지금

까지 나를 대변해온 모든 경험을 뒤로하고 상대방의 이야기를 열린 자세로 경청하자. 공학도로서는 쉽지 않은 선택이지만 심지어 '열역학 제2법칙'이 틀릴 수도 있다는 생각으로 상대방 이야기를 들어야 재미있는 기회가 나타난다.

편견을 버리기 위해서 습관적으로 '무한동력 장치가 실제로 존재할 수도 있다'는 생각과 태도를 가지는 것이 중요하다. 실제로 무한동력 장치를 만들든 만들지 못하든 그것이 뭐가 중요한가? 불가능에 도전하고 그 근처까지는 갈 수 있다면 적어도 마찰력을 줄이는 방법의 달인 정도는 될 수 있다. 하지만 무한동력이 불가능하다는 확신을 가진 사람이라면 무한동력을 연구하는 사람과는 더이상 대화하기가 힘들어진다.

태양이 지구를 돌고 있다고 생각하던 시절, 지구가 태양을 돌고 있다는 이야기를 시작한 사람이 누군지 우리는 알고 있다. 세상에 '절대'는 없다. 편견을 버리면 맑은 밤하늘의 별처럼 기회가 우수수 쏟아진다.

### 상대방 의견을 평가절하한다

창업가로서 절대 해서는 안 되는 나쁜 습관이다. 하지만 대한민국에서는 상당히 만연된 습관이다. 한국 사회는 상대적으로 사회 경험(사업 경험, 전공 공부, 직장 경력)이 부족한 사람들의 이야기는 잘 들으려 하지 않는 문화가 있다. 직장 상사는 후배의 의견을 잘 들으려 하지 않고, 한 번 사업에 크게 성공하여 유명해진 투자자는 자기 성공 공식에 맞지 않는 창업가의 이야기를 제대로 들어보려고 하지 않는다. 이것은 서로에게 독약이 될 뿐이다. '유창함'(전문지식)이 부족하면 오히려 문제를 원점에서 다시 바라보며 왜 그렇게 생각하는지 그것이 왜 잘못된 것인지 재미있게 이야기할 수 있고, 그 과정에서 놓치는 것들을 발견해 더 좋은 공동의 아이디어로 만들 수 있게 도와준다.

미국에서 박사 과정이나 박사 후 과정을 유학하고 돌아온 친구들의 경우 미국 대학원, 연구소에서의 추억을 이야기하며 '석사 1년 차'가 하는 이야기를 존중하며 들어주는 백발의 노 교수님을 칭송했다. 내 생각에 미국의 강력함은 핵무기가 아니라 '상대방의 아이디어를 존중하는 태도'에서 나오는 것 같다. 아무리 상대방이 유창함과 전문성을 갖추지 못하고 있다 하더라도 그가 갖고 있는 유연성과 상상력을 존중하고 이를 재미있게 토론하는 것. 그것이 바로 미국을 중심으로 한 해외 선진국들의 최대 장점이라 할 수 있다.

압축 성장의 경험이 진하게 남아 있는 우리나라 문화는

언제나 '급하고 시간이 없기 때문에' 유경험자의 아이디어
는 우대하고 신입사원(초보자)의 아이디어는 무시했다. 하지
만 정말로 시간이 없는 걸까? 진정으로 좋은 아이디어를 갈
구한다면 상대방의 의견을 평가절하해서는 안 된다. 대표
라면 신입사원으로부터도 아이디어를 구해야 한다.

## 23. 돈의 흐름 이해하기

"실험실 수준에서 시제품은 이미 만들어졌지만 양산 자금이 없어 아직 제품 생산을 본격적으로 못하고 있다." "금형까지도 만들었는데 조립과 도색을 위한 자금이 없어 출시를 못하고 있다." "물건을 다 만들고 서비스도 완성했는데 마케팅 자금이 없어 런칭을 못하고 있다." "돈만 있으면 세상을 싹 바꿀 수 있을 것 같은데, 돈이 없다."

이런 어려움을 뚫고 시장에 제품과 서비스를 '출시'하는 기업은 과연 얼마나 될까? 돈을 구하지 못하면 결국 창업가는 "무식한 창업투자사 놈들이 우리 기술의 혁신성을 제대로 이해하지 못한다"고 생각한다. 그런데 정말 그럴까? 혹시 '돈의 흐름'을 제대로 이해하지 못하고 있는 것은 아닐까?

나는 몸담고 있는 특허법인과 개인투자조합을 통해 50곳에 가까운 스타트업에 투자했고, 10개 이상의 기업 지분을 현금화(매각 또는 엑시트)하는 경험을 하면서 많은 창업가들을 만났다. 그런데 그들은 대부분 돈의 흐름을 잘 몰랐다.

돈은 자연스럽게 '좋은 기술'의 향을 맡고 그쪽으로 흐르는 것이 아니다. 돈은 '돈을 다루는 사람'의 이해관계를 따라 흐른다. 이번 글에서는 돈의 흐름 전체를 다루기는 어렵지만 '기술창업' 분야에서 적용되는 투자 자금의 흐름에 관해서 간략히 소개해보겠다.

### 투자 자금의 흐름

돈의 흐름을 이해하기 위해서는 가장 먼저 스타트업, 벤처기업에 투자되는 '모태펀드'를 이해해야 한다. 스타트업, 벤처기업에 투자되는 돈은 이 모태펀드에서 시작된다. 우리나라에서 모태펀드는 민간 벤처투자 활성화를 위한 정책펀드로서 벤처캐피털(창업투자사) 등이 조성하는 벤처펀드(투자조합)에 매칭 출자하는 방식으로 운용된다. 민간 출자자들의 출자금을 일부 모아오면 모태펀드에서 일정 배율로 투자금을 더해주는 것이다. 즉, 민간 자본과 정부 자본이 섞여 있다고 보면 된다.

가장 널리 알려진 모태펀드는 투자관리 전문기관인 한국벤처투자에서 운용을 담당한다. 그리고 한국성장금융투자

운용가 운용하는 모태펀드도 있다. 그리고 수천억 원, 수백억 원 규모의 투자조합을 기반으로 벤처캐피털에게 운용을 맡기는 '모태펀드 급' 펀드들도 있다.

이 돈이 마련되려면 먼저 우리가 낸 세금이 각 정부부처로 배분되고 각 부처의 투자담당부서는 이 돈을 모태펀드로 배정한다. 모태펀드가 조성되면 운용사는 '자펀드'(벤처펀드라고도 함)로 쪼개는 기획을 한다. 이때 자펀드는 각 출자기관(정부부처)의 운영 목적에 따라 돈을 쓴다. 예를 들어, 농식품 모태펀드는 농림축산식품부로부터 수 천억원의 출자를 받아 만들어지기 때문에 농축산업 관련 스타트업 등에 돈을 쓴다. 만약 특허청에서 출자한 펀드가 포함된 모태펀드가 있다면 역시나 IP(특허권, 상표권, 디자인권 등)를 기반으로 고도성장이 기대되는 스타트업에 투자한다.

현재 한국벤처투자에서 운영하는 모태펀드는 우리나라 민간 벤처투자의 마중물 역할을 하고 있으며 2021년 현재 스마트대한민국, 스케일업, 지역뉴딜, 청년창업, M&A, 소재부품장비 등 정책 목적에 따라 9개 유형의 자펀드로 구성되어 출자되고 있다. 2018년의 경우에는 혁신성장, 창업초기, 소셜임팩트(사회적 기업), 문화콘텐츠, 융합콘텐츠, 디지털 콘텐츠 해외 진출, 여성기업, 미래환경산업, 보건산업조기기술, 관광/스포츠 산업, 대학창업, 엔젤세컨더리, 민간 제안 이렇게 13개 분야로 나누어 자펀드를 구성했다.

　시대와 기술 발전의 흐름에 따라 투자 분야는 추가되기도 하고 사라지기도 한다. 너무 시대의 흐름에 민감하게 사업 아이템을 바꿀 필요는 없지만, 벤처캐피털이 관심 있어 할 만한 사업 아이템인지 아닌지 생각해 보는 것은 사업가로서 중요한 일이다. 당연히 시대 흐름에 맞지 않는 사업 아이템을 붙잡고 있다면 투자받을 가능성은 사라진다.

　모태펀드는 '마중물'일 뿐이지 '본 물'은 아니다. 자펀드로 쪼개지는 과정에서 기업 또는 민간 자본의 참여가 함께 들어가야 한다. 각종 은행, 중견기업, 대기업, 해외 자본 등이 이러한 민간 자본에 해당한다. 투자업계에서는 이들을 LP(Limited Partners) 혹은 '전주'(錢主, 또는 '쩐주')라고 부른다. 유명한 벤처캐피털의 핵심 능력은 바로 LP를 유치하는 능력이다. 이렇게 민관합동으로 형성된 자펀드는 벤처캐피털의 펀드매니저들을 통해 운용된다. 벤처캐피털은 우수한 심사역을 고용해 유망 스타트업을 발굴하며 보통 5년에서 10년 정도 펀드를 운영하면서 기업 발굴, 투자회수 등의 투자금 운용을 진행한다.

　벤처캐피털마다 전문 투자 분야라는 것이 있는데. 예를 들어 '콘텐츠 투자조합'이라고 쓰여 있는 펀드를 운용하는 벤처캐피털은 반도체 기술을 가진 스타트업이 아무리 찾아가서 문을 두드려도 그닥 관심을 받지 못한다. 그래서 투자 심사를 진행하는 심사역은 자펀드의 목적 범위 안에 들어오는 스타트업을 선호하며 그 외 분야에 대해서는 "저희는 그 분야를 잘 몰라서요"라는 말과 함께 창업가의 투자 요청 설명을 정중하게 거절한다.

정리하자면, 나의 사업 흐름에 맞지 않는 돈을 좇으면 결국 시간 낭비가 되고 투자 거절의 상처를 입게 된다는 것이다. 아무리 유명한 벤처캐피털이라 하더라도, 창업가가 벤처캐피털 대표와 친한 사이라 하더라도, 사업 아이템이 돈의 흐름(펀드의 목적)에 맞지 않으면 쉽게 투자받기가 어려워진다. 만약 그 흐름을 거슬러 부정한 방법으로 투자를 받고자 한다면 언젠가는 탈이 나게 된다. 따라서 우물가에 가서 숭늉을 찾지 말아야 한다.

최근에는 이러한 모태펀드와 자펀드의 운용과 투자처에 관한 정보들이 많이 개방되어 있다. 벤처캐피털의 '대펀'(대표펀드매니저)은 어떤 성향의 투자처를 선호하는지 등도 자세히 분석되어 나온다. 해외에는 스타트업/테크 언론사인 테크크런치에서 만든 크런치베이스(Crunch Base)라는 투자정보/기업정보 데이터베이스가 있다. 우리나라에는 한국벤처투자(kvic.or.kr), 한국성장금융(kgrowth.or.kr)과 같은 모태펀드 웹사이트 또는 더브이씨(TheVc.kr)에 가보게 되면 투자조합, 벤처캐피탈 등이 어떤 스타트업에 투자하는지 세세한 정보를 얻을 수 있다. 이러한 정보들을 기반으로 어떤 VC의 어떤 심사역이 당신의 기업과 사업아이템에 관심을 가질지 추정할 수 있다. 이제 남은 일은 한 가지다. 심사역에게 메일을 보내거나 만나서 조언을 구해보는 것이다. 목적에 맞는 펀드를 찾는다면 돈의 흐름은 우리 회사로 오게 되어 있다.

# 24. 투자유치자료(IR) 작성법

많은 창업가들이 투자유치 자료 만들기를 어려워한다. 특히 기술 기반 창업가들은 '나는 이러한 기술을 갖고 있어'를 중심으로 말하지, '뭐가 문제야'라고 말하는 것에는 익숙하지가 않다. 반면 투자자들은 '무엇이 문제'인지에서부터 돈 냄새를 맡는다. 그래서 기술 창업가와 투자자는 서로 커뮤니케이션 차이를 어려워하며 때로는 서로를 원망하기도 한다. 이번 글에서 다룰 IR(Investor Relations) 자료는 바로 이런 창업가와 투자자 사이의 어려운 관계를 쉽게 만들기 위한 자료라 할 수 있다.

투자유치 자료는 '바쁜' 투자자 또는 벤처캐피털의 심사역들을 만났을 때, 즉시 건네 줘야 하는 자료이기 때문에 목차는 간단하고 심플한 것이 좋다. 그동안 많은 스타트업 IR 작성 자료를 보았지만 RoA컨설팅에서 작성한 〈스타트업

IR자료작성 가이드 라인〉의 10가지 항목만큼 짜임새 있게 정리된 항목을 본 적이 없어 이 자료의 목차를 가지고서 내용 정리를 해보았다. IR자료에는 흐름이라는 것이 있기 때문에 순서가 매우 중요한데 이 가이드 라인을 참고하면 좋겠다.

### 사업 아이디어(Business Idea)

전체 비즈니스 모델의 핵심 컨셉이 무엇인지 명확하고 이해하기 쉽게 표현해야 한다. 그리고 BM(비즈니스모델)을 최종 소비자 관점에서 서술해야 한다. 첫 장표이기 때문에 자세한 수익 모델을 세부적으로 나타낼 필요는 없다. 투자자(심사역)의 호기심을 자극할 정도의 다이어그램과 약간의 캐릭터(아이콘) 정도면 충분하다.

### 문제점(Unmet Needs)

충족되지 않은 니즈(Unmet Needs)를 고려하여 현재 타겟 고객이 기존에 존재하는 경쟁재나 대체재에서 느끼는 가장 큰 불편함이나 고민거리가 무엇인지 정의한다. 얼마나 심각한 문제이며 얼마나 많은 사람들이 느끼는 고통인지 충분히 설명되어야 한다. 투자자들의 공감을 얻기 위한 장표이므로 짧은 동영상이나 기사 등이 제시되면 좋고 더 자세한 숫자는 이후 등장하는 시장규모에서 언급하면 된다.

### 해결방법(Solution)

우리가 제시한 사업 아이템(아이디어)이 타겟 고객의 충족되지 않은 니즈(문제점)를 어떤 식으로 해소할 수 있는지 구체적으로 제시한다. 우리가 가진 솔루션이 고객의 문제점을 반드시 풀 수 있음을 어필해야 한다.

투자여부를 심사하는 심사역들은 상당히 넓은 배경지식을 가진 경우가 많기 때문에 해결 방법이 명확하지 않으면 이번 장표를 끝으로 심사역들은 관심을 접을 수 있다. 따라서 현재 나와 있는 경쟁재에 대한 언급도 살짝 하면서도 그들과 어떤 차이가 있고, 어떤 점에서 더 좋은지 간략하게 노출하는 것이 중요하다.

### 시장규모(Market)

시장이 어느 정도 규모로 형성되어 있는지 이야기해야 한다. 그리고 내가 정의한 시장이 구체적으로 세분화되어 설명되어야 한다.

보통 창업자들은 창업교육 과정에서 배운대로 TAM-SAM-SOM 프레임워크를 사용하여 시장규모를 표시하곤 하는데 이때 논리 비약이 없어야 한다. TAM(Total Addressable

Market)은 전체 시장으로 제품과 서비스의 카테고리 영역을 포괄하는 비즈니스 도메인 크기, SAM(Service Available Market)은 유효 시장으로서 전체 시장 안에서 우리가 집중해야 할 시장 규모, SOM(Service Obtainable Market)은 수익 시장으로서 유효시장 내에서 초기 단계에 확보 가능한 시장 규모를 의미한다. 즉 구체적인 시장 규모, 문제점을 갖고 있는 사람의 수, 해결 방법이 가져올 매출액 이 세 가지가 명확하게 정리되어야 한다. 물론 통계청과 시장조사기관에서 발표한 구체적인 자료들이 뒷받침되면 더욱 확실해진다.

### 경쟁자(Competition)

경쟁자(재) 및 대체재를 조사하여 기입해야 한다. 경쟁사를 비난하기 위한 것이 아니다. 필요한 경우 다양한 형태의 포지셔닝 맵을 활용해 경쟁 상황을 보다 세밀하게 묘사해야 한다. 단순히 '이러한 경쟁사가 있다'를 넘어 이 경쟁사는 얼마의 매출을 내고 있고, 핵심 경쟁력이 무엇인지 자세히 알고 있어야 한다.

수년 앞서 사업을 시작한 경쟁사가 현재 고전하고 있고 규모도 그리 크게 성장하지 못했다면 우리 기업도 그렇게 되지 말라는 법이 없다. 따라서 정확한 경쟁사 분석과 함께 우리가 도전할 시장이 상당히 크다는 것도 어필할 필요가 있다.

### 차별화 전략(Differentiation)

경쟁자(재)나 대체재와 완벽하게 다른 차별화 포인트는 투자유치과정에서 가장 중요한 부분이다. 앞에서는 경쟁사를 분석했는데 여기서는 우리가 고객의 문제점을 더 잘 해결할 수 있음을 강조해야 한다.

차별화 전략은 세 가지는 정도면 충분하다. 너무 많으면 투자자들이 잘 기억하지 못한다. 차별화 방향이 정리되면 맨 첫 장의 사업 방향도 풍성해지며 충분히 설명하지 못한 해결 방법에 대해서도 보완할 수 있게 된다.

### 팀(Team)

'팀이 어떻게 구성되는가?'는 투자유치자료에서 가장 중요한 항목이다. 투자자는 주로 이것을 본다. 초기 스타트업일수록 재무제표 같은 것은 따로 볼 게 없기 때문에 팀 구성이 회사를 설명하는 핵심이라고 할 수 있다. 나중에 증권거래소로 상장심사(IPO)을 한다 하더라도 역시나 팀이 가장 중요하다. 조금 격한 비유지만 사업과 사기는 '아직 이루어지지 않은 목표'를 투자자들에게 제시한다는 점에서는 같으나, '사업'은 실제로 그 목표를 달성하겠다는 것을 분명히 하는 것이고 '사기'는 말 그대로 거짓말을 하는 것이다. 그런 점에서 볼 때 팀 구성은 우리가 거짓말하지 않고 진심을 다하고 있다는 가장 중요한 근거에 해당한다.

　다수의 투자자들은 팀 구성이 없는 IR자료는 아예 읽지도 않으며 팀 구성원 중 이력에 허위가 있거나 평판이 좋지 않거나 멤버가 아닌데 멤버라고 허위기재 되어있으면 투자를 바로 철회한다. 우리나라에서 평판은 한두 다리만 건너면 금세 파악이 된다. 그러니 정직하게 써야 한다.

### 수익모델(Revenue Model)

　비즈니스모델에 대한 수익 확신을 주는 단계이다. '얼마를 어떻게 벌 수 있는가?'의 명확한 구체화가 필요하다. 가장 큰 매출을 차지할 원천을 정의해야 한다. 제품을 판매하는 기업은 제품의 판매 금액이 될 것이고, 서비스를 판매하는 기업은 서비스 금액이 될 것이다. 플랫폼 비즈니스를 하는 기업은 가입자 수가 중요하겠지만 그 이후 수익 모델도 갖고 있어야 한다.

　근거도 없는 거창한 수익 모델은 사기에 해당한다. 그렇다고 너무 보수적으로 잡으면 시장이 작아져 투자유치가 무산될 수 있다. 팀의 능력을 고려해 현실적인 목표를 정하고 그것을 기반으로 약간 상회하는 목표를 잡는 것이 좋다.

### 재무계획(Financial Projection)

"내가 준 돈 무조건 아껴 써라"라고 주문을 하는 투자자는 좋은 투자자가 아니다. 비즈니스 모델이 작동하려면 당연히 투자금이 투입되어야 하고 투자금은 계획에 따라 적절히 지출되어야 한다. 따라서 투자자들은 창업자가 '돈을 어떻게 사용할 것인지?'에 관심이 많다. 지출 계획이 없는 창업자만큼 아마추어도 없다. 얼마의 돈이 필요한지 어떻게 사용할 것인지 그래서 얼마를 벌 수 있는지 이 세 가지는 투자자들이 투자를 하면서 기본적으로 생각하는 부분이다.

비즈니스모델에서 규정한 수익원과 투입비용의 상세 내용을 따로 떼어내 3개년도 예상 손익계산서(추정)를 엑셀로 작성하는 것이 중요하다. 이를 기초로 재무계획을 간략히 정리하고 어느 해부터 BEP(손익분기점)를 넘어 영업이익이 발생하는지 계획해야 한다. 계획대로 목표를 향해 한 단계, 한 단계 전진하는 것이 사업가에게는 가장 중요하다.

### 향후 계획(Milestone)

마지막에는 미래에 관한 이야기로 가득 채워야 한다. 1차년도 상용화 이후 2차년도 3차년도 등 최소 3개년 동안의 주요 사업 확장 계획을 그려보는 것이 중요하다. 당장은 아니지만 포섭할 인물을 언급하는 것도 좋다. 앞으로 납품할 기업이나 같이 일하고 싶은 기관을 시간 흐름에 따라 보여주는 것도 좋다.

나의 사업 아이템이 얼마나 큰 열매를 맺을지 상상해보라. 입가에 미소가 번져야 한다. 목표한 대로 이루어진다고 생각하자. 지금 기재하는 것들이 5년 후, 10년 후에 다시 꺼내 보면 틀림없이 이루어져 있을 것이다. 미래에 대한 추상적인 이야기라고 대충 작성하지 않았으면 좋겠다. 자주 꺼내 보면서 그렇게 되도록 노력하면 반드시 이루어진다.

### 기업 가치 산정(Valuation)

투자유치자료에 포함되지는 않았지만 마지막에 투자자들이 꼭 물어보는 질문이 있다. 바로 "밸류(Value)가 얼마인가?"라는 질문이다. 투자자들은 투자를 '딜'(Deal)이라고 생각한다. 딜은 곧 '투자 협상'을 말한다. 딜 과정에서 기업 가치에 대한 네고(Negotiation)는 필수이며 창업자가 제시한 가격이 협상의 시작점이 된다. 내가 만나본 많은 창업가들은 '기업가치'에 대해 너무 어렵게 생각하는 경향이 많았다. 너무 어렵게 생각할 필요는 없다. 자본금의 몇 배, 액면가의 몇 배 이런 이야기들이 오가겠지만 산출법에 정답은 없다.

개인적으로 생각하는 가장 쉬운 방법은 2,000여 개 상장사들 중 우리와 가장 유사한 기업의 시가총액과 우리 기업의 현 상황을 비교하는 방법이다. 시가총액과 기업 가치는 같은 것으로 봐도 무방하다. 물론 사업 아이템도 다르고 구성원도 다르기 때문에 단순하게 산술적으로만 비교하는 것은 무리일 수 있겠지만 대략 그렇게 기준을 잡고 가감하는 방식으로 계산하면 나름 합리적인 가격 산출이 가능하다.

창업 시장에 현금 유동성이 풍부하면 기업가치가 높아지고 비슷한 사업을 하는 스타트업이 과잉 공급되면 기업가치는 낮아진다. 투자유치자료의 10가지 항목은 이러한 기업가치를 명확히 설명하기 위한 자료라 할 수 있다.

## 25.투자자들을 오게 하는 방법

투자유치자료가 완성되면 당장에라도 투자유치가 될 것 같은 기분이 들지만 현실은 그렇지가 않다. 그저 투자자들을 위한 회사소개 문서 정도가 완성된 것을 뜻할 뿐이며, 이제부터는 본격적으로 투자유치 활동을 해야 한다. 투자유치 활동은 크게 두 가지로 나뉜다. '투자자를 직접 찾아가는 것' 그리고 '투자자를 찾아오게 하는 것' 이렇게 두 가지로 볼 수 있다.

각종 데모데이와 지인 소개를 통한 투자자 미팅, 창업경진대회 참가 등이 '직접 찾아가는 것'에 해당한다. 전국의 지자체에서 운영하는 창업 기관까지도 다 합쳐서 생각하면 1년에 수백 개의 데모데이가 열린다. 정부지원사업과 연계되어 액셀러레이팅 프로그램의 마무리 행사로 열리는 경우도 있고 '정주영 창업경진대회' 같이 사단법인의 재단에서 후원하는 열린 데모데이도 있다.

투자자들과의 네트워킹을 위해 그리고 본인이 생각하는 사업 방향에 대한 제3자의 평가를 받기 위해서라도 데모데이에 가끔은 나가보는 것이 좋다. 하지만 너무 자주 나가면 시간도 많이 뺏기고, 우리 사업의 본질을 제대로 이해하지 못하는 사람들로부터 듣는 조언들로 인해 사업 방향을 해치는 경우도 있다. 그러니 투자자들이 우리를 찾아오게 만드는 것이 투자유치에 가장 효과적이다. 실전을 통해 입증된 아래의 방법들을 보면 결코 어렵지 않게 할 수 있는 일임을 알 수 있다.

투자자들이 제 발로 우리 회사를 찾아오게 방법을 하나씩 살펴보자.

### 어드바이저 그룹을 만들고 IR자료 발표하기

투자유치자료를 만들고 가장 먼저 해야 할 일은 '어드바이저그룹'(고문단)을 만들고 그들을 초청하여 IR자료를 발표하는 것이다. 발표는 회사 회의실에서 해도 되고 별도의 세미나실을 잡아도 된다. 어드바이저 그룹은 친구, 지인, 전 직장 선배, 아는 교수, 비상장 투자를 해본 사람, 마케터, 기자 등 다양하게 구성할수록 좋다. 1:1로 만나는 것도 좋지만 7명 내외로 한 번에 초청하는 것이 서로의 시너지를 위해 바람직하다. 그리고 발표에 앞서 어드바이저들에게 투자자처럼 객관적으로 평가해줄 것을 부탁한다. 지인들이라하더라도 실제로는 내가 하는 사업을 잘 모르는 경우가 대다수인 만큼 잘 듣고 판단해 달라고 부탁한다.

여러 경로를 통해 훌륭한 능력을 갖춘 분들을 찾아 어드바이저 그룹에 속해 주기를 부탁하고 시간을 내달라고 한다. 무슨 호텔 룸을 빌려 화려한 출정식을 개최할 이유는 없다. 회의실에서 당신을 아끼는 사람들과 작게 '인연의 파동'을 시작하면 된다.

## 투자심사역으로부터 직접 멘토링 받기

아무리 잘 만든 투자유치자료라 하더라도 전문적인 투자와 관리를 진행하는 벤처캐피털 심사역 관점에서는 한참 부족할 수가 있다. 특히 기업 가치 산정법을 모르는 창업가의 경우 심사역들을 다양하게 만나 조언을 받아 보는 것이 필요하다.

어드바이저, 지인, 창업지원기관 담당자 등을 통해 투자회사의 심사역을 소개받고 IR자료에 대한 멘토링을 요청하자. 그리고 멘토링 비용은 자문료 형태로 지급하자. 직접회사에 와서 1:1로 멘토링을 해달라고 요청하는 것이 좋다. 데모데이에서 발표자와 평가자로 만날 수도 있지만 공개

된 행사장에서의 충분한 이해없이 하는 짧은 멘토링보다는 개별적으로 만나는 멘토가 훨씬 영양가 높은 이야기를 해준다.

심사역으로부터 1:1 멘토링을 받게 되면 지금 회사의 현실적인 상태에 대한 객관적인 조언을 들을 수 있고, 벤처캐피탈과 엔젤투자 그리고 여러 가지 투자 생태계에 관한 이야기도 들을 수 있다. 무엇보다 해당 심사역이 속한 투자회사에서 어떤 분야에 관심을 갖고 있고, 다른 벤처캐피털에서는 어떤 분야에 관심 있는지 정보를 얻을 수 있다. 벤처캐피털은 특정한 분야에 투자하도록 정해진 펀드를 운영하는 경우가 많으므로 이러한 정보들을 잘 모으는 것이 중요하다.

### 보도자료 작성하고 배포하기

아무리 좋은 기술과 아이디어를 보유하고 있다 하더라도, 세상에 드러나지 않으면 존재하지 않는 것이나 마찬가지이다. 특히나 인터넷으로 대부분의 정보를 접하게 되는 요즘, 뉴스 포털에 우리 회사 기사가 걸려야 이런 곳도 있구나 하고 우리 존재를 외부로 알릴 수 있다.

사업을 하다 보면 회사에 좋은 일들이 많이 생긴다. 기술개발에 성공하고, 제품을 출시하고, 박람회에 참석하고, 다른 기업들과 업무 협약을 맺고 하는 등 이러한 이벤트가 있을 때마다 언론에 알리는 노력이 필요하다. 하지만 매번 기사화가 되는 것이 어렵다 보니, 보도자료 보내기를 멈추는 경우가 많다. 하지만 꾸준함을 가지고 기자들이 좋아할 만한 포맷으로 지속적으로 두드리는 것이 중요하다. 그러면 언젠가 한 번은 기사를 내주게 되어 있다.

보도자료 작성법에 대해서는 앞서 얘기한 적 있는데 한번 더 반복해보면, 길게 작성할 필요는 없고 한 페이지 분량으로 해당 이벤트를 정확하게 담아내는 사진 한 장이면 충분하다. 평소 기자리스트는 추려서 엑셀 파일 등으로 관리해두면 좋다. 보도자료를 보낼 때는 1:1로 기자에게 전달하는 것이 좋으며 실제로 기사가 났을 때에는 꼭 잊지 말고 감사함을 표시해야 한다.

### 홈페이지를 통해 콘텐츠 유포하기

일반적으로 홈페이지에는 회사의 사업 내용을 담는 것으로 끝나는 경우가 많다. 홈페이지가 없는 기술기반 기업들도 많은데 사실 그것은 투자를 받을 의지가 없거나 사업 의지가 없다는 것을 만천하에 자랑하는 것과 다름없다. 거의 대부분 정보가 인터넷으로 검색되고 있는 상황에서 홈페이지의 중요성은 여러 번 강조해도 모자람이 없다. 최근에는 누구나 쉽게 홈페이지를 제작할 수 있는 도구들이 있는 만큼 이를 활용해서 간단하게 만들면 된다. 클라우드 서버 구축과 회원 관리 도구, 다양한 게시판에 검색어 최적화(SEO) 기능까지 제공하는 홈페이지 제작 서비스들이 많으니 외부에 맡기지 않고 직접 제작해도 무방하다.

특히 요즘의 홈페이지 제작 솔루션들은 네이버나 구글 등으로 검색 엔진에 걸릴 수 있게 하는 기능들이 포함되는 만큼 홈페이지 내에 블로그 포스팅을 하는 것이 중요해졌다. 잠재 고객들이 관심 있어 할 만한 키워드의 제목으로 구성된 포스팅은 운이 좋으면 수백 혹은 수천 건의 조회가 되기도 한다. 유료 마케팅을 전개하는 것도 좋지만 해당 기술 분야에 대한 인사이트가 담긴 내실 있는 칼럼을 홈페이지에 게재하는 것만으로도 투자자들이 찾아오는 계기를 만들 수 있다. 칼럼의 인사이트는 당연히 그 사업을 진두지휘하고 있는 대표와 경영진으로부터 나온다. 투자자든 고객이든 누구든 검색했을 때 쉽게 찾을 수 있어야 찾아온다.

## 26. 투자유치를 위한 발표하기

기술 창업가 입장에서 사람들 앞에서 무언가를 발표한다는
것은 여간 어려운 일이 아닐 수 없다. 하지만 발표는 반드
시 넘어야 할 산이다. 아무리 발 넓은 변리사가 귀인을 소개
해준다 하더라도 발표를 망치게 되면 창업가의 제안은 쉽
게 받아들여지지 않는다. 대부분 사업은 발표에 의해서 사
업수행 여부가 결정된다. 정치의 경우에도 입후보자가 얼
마나 멋진 공약을 발표하는지에 따라 유권자들이 영향을
받고 투표를 한다. 최근 코로나로 인해 오프라인 발표 무대
가 많이 줄어들기는 했지만 여전히 발표는 중요하며 발표
에 의해서 많은 의사결정이 이루어진다고 해도 과언이 아
니다.

정부지원사업에 선정되었다 하더라도 제안 발표, 착수
발표, 중간 발표, 최종 발표 등 과제 수행에 따라 많게는 네
번 정도를 발표해야 한다. 사실 정부지원사업이나 정부에

서 주관하는 과제의 경우 정해진 양식과 절차가 있기 때문에 그대로만 따라 한다면 큰 문제가 되지 않는다. 하지만 민간에서 하는 투자유치라면 창의적이고 설득력 있는 발표가 중요하다.

지금부터는 민간 투자유치 심사를 기준으로 제안 발표를 할 때 어떤 부분을 중요하게 생각하고 발표해야 하는지 살펴보자.

### '핵심 장표 세 장'을 강조하자

발표를 잘하기 위해서는 좋은 자료가 준비되어야 한다. 하지만 발표 자료가 어수룩하더라도 기가 막히게 실력 좋은 팀을 알아보는 심사위원들이 있다. 앞에서 말한 대로 발표 자료를 작성하는 방법은 서툴렀다 하더라도 '진정성'이 잘 전달되어 심사위원의 마음을 움직인 케이스다. 그렇다면 허술한 발표 자료를 뚫고서도 심사위원들을 움직이게 하려면 무엇을 중요하게 생각하고 발표를 해야 할까? 바로 '핵심 장표 세 장'으로 문제점, 해결 방법, 팀 멤버이다. 이 세 가지가 소개된 장표를 창업가는 혼신의 힘을 다해 설명해야 한다.

하나씩 살펴보자. 문제점 장표에서는 결국 '해결하고자

하는 과제'가 무엇인지를 설명해야 한다. 문제점이 무엇이고 그러한 문제로 인해 어떤 사람들이 고통을 받고 있는지 아주 간결하게 제시되어야 한다. 심사위원들도 사람이기 때문에 제기된 문제에 공감된다면 관심을 가질 수밖에 없다. 보통 이공계 출신의 창업자들의 경우 문제점보다는 보유 기술에 대해 설명을 길게 하기 쉬운데 사업에서는 "내가 무엇을 할 수 있어"라고 얘기하는 것보다 "사람들이 고통스러워하는 문제는 바로 이거야"라고 선언하는 게 더욱 효과적인 공감을 이끌어낼 수 있다.

다음으로 해결 방법을 살펴보자. 앞에서 말한 문제점을 어떤 방법으로 해결할 수 있는지 설명해야 한다. 어떤 문제를 어떤 방법으로 해결하는지가 사업의 핵심이고, 얼마나 더 효율적으로 풀 수 있는지가 사업의 경쟁력이다. 많은 문과형 창업가들은 문제점 장표의 비중이 과도하고 해결 방법 장표는 부실한 경우가 있는데 그렇게 해서는 안 된다. 반대로 문제 해결 내용만 잔뜩 들어가 온갖 기술 설명으로만 발표가 채워져도 안 된다.

마지막으로 팀 멤버를 살펴보자. 문제점에서 공감대을 얻고 해결 방법에서 설득력을 더 했다면 이제 팀 멤버 구성에서는 이 사업이 실현 가능하다는 것을 보여주어야 한다. 그렇지 못하면 사업의 실현 가능성을 의심받을 수밖에 없다. 1인 창업가들이 투자받기 어려운 이유가 결국 대표 혼자서 모든 일을 할 수 없기 때문이다. 사업은 다양한 구성원들이 저마다의 능력을 모아 문제를 해결하는 것이다. 그 과정에서 가치(돈)가 창출되고 교환되는 것이기 때문에 구성원은 사업의 문을 여는 열쇠라 할 수 있다. 구성원들이 어떤 경험을 가졌고 그렇기 때문에 어떤 능력을 보유하고 있고 이들과 어떤 길을 걷고 있는지 살아있는 이야기가 펼쳐질 때 투자자들은 미래를 기대하게 되고 지갑을 열 준비를 한다. 단순히 학벌과 전공 소개로 끝나서는 안 된다. 아무리 짧은 시간이라 하더라도 얼마나 좋은 팀워크를 갖고 있고, 얼마나 이들과 함께 문제를 잘 해결할 수 있는지 공감대를 만드는 것이 중요하다.

### 청중을 분석하자

상식 같은 얘기겠지만 청중이 누구인지에 따라 발표 내용은 완전히 달라져야 한다. 일반 대중을 대상으로 발표하는 경우라면 전문 용어를 사용해서는 안 된다. 쉬운 용어로 설명해도 어렵게 느낀다. 특히 대문자 약어(FDI, CSD, TRM 등)로 구성된 단어들은 남발할 경우 집중도가 떨어지며 발표 결과는 십중팔구 안 좋게 나온다. 일반인들을 대상으로 제안 발표를 할 경우 구체적이고 과학적인 해결 방법보다는 문제점을 강조할 필요가 있다. 먼저 대중들의 공감대를 이끌어내고 그런 다음 나만의 해결 방법을 쉬운 용어로 강조하는 것이 바람직하다. 발표를 듣는 사람들이 사업 전문가인지 기술 전문가인지에 따라 사업 설명 내용을 '문제'에 포커싱할지 '해결 방법'에 포커싱할지 판단하면 된다.

혹시 발표 도중 틀린 내용이 있다 하더라도 금방 실수를 인정하고 공감을 이끌어내면 크게 문제가 되지 않는다. 심사위원들도 돌아서면 같은 창업자고 이들도 어찌 보면 같은 입장이라 발표자를 몰아세우거나 하지는 않는다. 전문성을 보여주되 잘난 척하는 느낌 대신 진솔하게 다가가는 것이 더 중요하다.

청중이 누구인지 생각하지도 않고 발표에 임하는 것은 상대가 기병인지, 보병인지, 포병인지 분석 없이 전쟁 한복판으로 뛰어드는 용감한 초임 병사와 같다. 상대방을 분석하고 전술을 수행하자.

## 청중을 무시하자

앞에서 강조한 '청중을 분석하자'는 것과는 완전히 반대되는 말이지만 목적이 다른 표현이라 할 수 있다. 이공계 출신 발표자들은 통상 발표에 자신 없어 하는 경우가 많다. 학교에서 발표 기회도 많이 없었을뿐더러 그런 자리가 있었다 하더라도 문과형 친구들에게 양보 아닌 양보를 했다. 그러니 심사위원 5명이 두 눈을 부릅뜨고 자신을 쳐다보고 있으면 괜히 심장이 떨리고 다리에 힘이 빠진다. 하지만 겁먹을 필요는 하나도 없다. 일단 무대에 오른 이상 '주인공은 바로 나'라는 생각을 잊어서는 안 된다. 청중들은 나보다 전문성이 없으며 심사위원이라 하더라도 발표하는 사업, 정책, 제안에 관해 속속들이 다 알고 있는 것은 아니다. 즉, 내가 최고 전문가라는 생각을 멈춰서는 안 된다.

청중속에는 지금 하려는 사업에 대해 나보다 더 잘 알고 있는 사람이 있을 수도 있다. 설사 그렇더라도 마이크를 쥐고 있는 사람은 누군가? 결국은 나다. 내가 발표할 수 있는 기회를 얻은 것이지 나보다 잘하는 누군가가 발표를 하는 것은 아니다. 발표시간 동안은 온전히 나의 시간이라고 생각해야 한다. 록 스타(Rock Star)가 된 것처럼 나의 시간을 즐기고 목사가 된 것처럼 나의 복음을 세상에 전해야 한다. 눈앞에 몇천 명이 있다 하더라도 그들을 생각하지 말고 발표에만 집중하면 분명 청중들은 함께 공감해 줄 것이다. 쫄지 말자.


작은 몸짓에도 정성을 기울이자

발표장에 들어설 때 웃으면서 심사위원들과 눈을 마주치

면서 들어가야 한다. 심사를 자주 하다 보니 심사위원들과 이야기를 많이 나누는 편인데, 발표장에 들어서는 발표자 얼굴만 봐도 자신감이 넘치는 것인지 반대로 버벅거리기만 할 것인지 금방 알 수 있다고 한다. 웃는 얼굴에 침 못 뱉는 다는 말이 괜히 나온 것이 아니다. 반대로 죽을상을 하는 창업가에게는 당연히 뭔가 문제가 있구나 생각하게 된다.

복장은 충분히 패셔너블 해야 한다. 너무 튀지는 않더라도 앞서 발표한 팀들에 비해 뭔가 다른 식별력을 보여주어야 한다. 그리고 목소리는 자신만만하되 너무 허풍스럽지 않아야 한다. 간혹 지나친 자신감으로 프레젠터(레이저 포인터)를 빙빙 돌려 청중들의 집중력을 저해하거나 자만하는 듯한 포즈(손을 바지 주머니에 넣거나 짝다리 짚기 혹은 다리 떨기 등)를 보여주는 발표자도 있는데, 보는 사람 입장에서 참 괴롭지 않을 수 없다. 말투도 주의해야 한다. '어…' '저…' '이게…' '에…' 등의 표현은 뭔가 확신 없음을 대변해주는 느낌을 준다. 그래서 이런 표현들은 청중들을 졸음의 계곡으로 인도하는 길이 된다.

잘못된 몸짓과 말투 등은 모니터링을 통해 충분히 연습을 하고 들어가는 것이 좋다. 그리고 같이 일하는 동료들 앞에서 리허설을 하고 고쳤으면 하는 걸 체크 받는 것도 잊어서는 안 된다.

## 질의응답에 대한 대응이 중요하다

어떤 심사위원은 "이미 정해진 발표보다 질의응답을 통한 선발이 더 낫다"고까지 이야기하기도 한다. 그 정도로 질의응답은 무척 중요하다. 발표는 모두에게 동일한 시간이 주어지며 대부분 발표 연습을 많이 하기 때문에 무척 정형적이라 할 수 있다. 하지만 질의응답 시간에는 어떤 질문이 나올지 모르고 심사위원들의 다양한 관점이 발표자를 곤란에 빠뜨리게 하기도 한다. 그래서 이 시간을 얼마나 현명하게 대처하고 그러면서 한 번 더 사업을 강조하는 기지를 발휘하느냐가 중요하다.

발표 예행 연습을 해보듯 질의응답에 나올 만한 예상 가능한 질문을 미리 뽑아 보는 것이 중요하다. 예상하지 못했던 질문을 받더라도 얼굴을 붉히며 당황하지 말고, 다시 한번 "이런 걸 질문하는 게 맞느냐?"라는 식으로 되물어보면서 시간을 벌면서 재빨리 답변을 생각하는 것이 자연스럽다. 어려운 질문일수록 재질문을 하면서 한 번 더 확인하는 여유를 갖는 게 좋다.

답변이 불가한 질문의 경우 모른다고 솔직히 이야기하거나 답을 하지 못하는 이유를 정확히 밝히는 것이 좋다. 심사위원에게는 향후 질문한 부분을 철저히 공부하겠다 말하는 것이 오히려 신뢰받는 태도라 할 수 있다. 답변은 항상 자기 경험에 기반해 진솔하게 답하는 것이 중요하다. 괜히 아는 척하다 심사위원과 논쟁이 붙을 수도 있다. 지난 10년간 각종 창업 발표 대회에 심사위원으로 참여해 보았지만 심사위원과 논쟁하다 좋은 결과를 얻은 경우는 단 한 번도 보지 못했다.

발표는 종합예술이다. 시나리오도 좋아야 하고 배우도 자신감이 넘쳐야 하며 작은 몸짓 하나에도 혼이 담긴 연기를 해야 한다. 심사위원뿐만 아니라 청중들의 질문에 대한 피드백도 어떻게 하는지가 중요하다. 사업이 잘 될수록 창업 심사 자리가 아닌 각종 컨퍼런스에서 성공 사례 발표자로 얘기할 기회도 많이 생긴다. 여러 곳에서의 발표 자리는 돈을 구하고 함께 할 동료를 구하는 가장 최고의 방법이다.

# 27. 경쟁사 칭찬하기

발표 자리나 투자심사 자리에서 기술창업가들은 경쟁사를 깎아내리기 바쁘다. 이러한 기능이 없고 저러한 기능이 없으며 기술적으로 무의미하며 우리 기술에 비하면 상대가 되지 않는다고 말한다. 심지어 매출액에서 크게 차이 나는 해당 업계의 선발 기업임에도 불구하고 "그들은 별 게 아니다"라고 말한다. 그런데 과연 이런 발언과 행동이 도움이 될까? 결론부터 얘기하면 투자유치 자리가 되었든 사업계획서 발표 자리가 되었든 혹은 발표가 아닌 문서가 되었던 경쟁사를 '까는' 행위는 전혀 우리에게 도움이 되지 않는다. 정신 승리에는 도움이 될 수 있으나 사업적으로는 아무런 도움이 되지 않는다.

나는 변리사이기 때문에 특허 데이터를 기반으로 경쟁사 분석 컨설팅을 많이 해주는 편인데, 창업가들은 경쟁사의 특허를 보면서 "저거는 쓰지 않는 기술이에요"라고 말할 때가 많다. 하지만 정작 경쟁사의 상품은 여전히 시장에서 잘 통용되고 상용 기술인 경우가 많다. 이처럼 기술창업가 중에는 정작 자기 준비는 철저히 안 하면서 방어기제만 잔뜩 발달에 이런저런 야유만 퍼붓는 창업가들이 있다.

투자유치 발표장에서 경쟁사를 비난하는 장면은 투자심사를 하는 입장에서 비호감을 불러일으키는 방아쇠와 같다. 대부분 경쟁사 분석 내용이 담긴 장표는 투자유치 자료의 중간쯤에 오게 되는데, 투자자들이 가장 관심 있게 보는 페이지 중 하나다. 그 이유는 경쟁사의 현재 지표가 발표 중인 회사의 성장성에 대한 바로미터가 되기 때문이다. 경쟁사가 얼마나 있는지, 어떤 테마로 묶일 수 있는지 등은 이 기업이 앞으로 얼마나 성장할 수 있는지를 알려주는 바로미터 역할을 한다. 그러니 경쟁사를 잘 분석하고 이들의 장단점을 파악하는 일은 향후 얼마 정도의 매출을 올리고 성장할 수 있는지 전망을 내놓는 것과도 같다. 그러니 '경쟁사가 없다'고 주장을 한다면 '시장이 없다'고 스스로 자인하거나 '경쟁사 분석이 이루어지지 않았다'고 고백하는 것이나 마찬가지다.

경쟁사 분석은 최소 세 곳에서 여섯 곳 정도는 해야 한다. 물론 우리 사업 아이템이 정말로 '완전히 새로운' 것이라면 국내에 경쟁사가 없을 수 있다. 그때는 해외에서 경쟁사를 찾아야 한다. 크런치베이스(crunchbase.com)나 아울러(corp. owler.com) 같은 사이트를 방문해보면 내가 가진 지식보다 더 넓은 범위에서 경쟁사들을 찾을 수 있게 도와준다. 한국 특허청에서 만든 특허 · 상표 검색엔진인 키프리스(kipris. or.kr)에서도 나와 유사한 국내외 경쟁사를 최소 다섯 곳 이상 찾을 수 있다. 만약 진짜로 국내에도 해외에도 경쟁사가 없다면 최소한 내가 앞으로 대체할(혹은 빼앗을) 시장의 기존 기업이라도 언급해야 한다.

그리고 중요한 포인트는 경쟁사를 칭찬하는 것이다. 경쟁사를 칭찬한다는 것이 마치 "우리 사업이 후져요"라고 고백하는 것 같기도 하지만 투자자나 관계자 입장에서는 이미 알고 있다. 스스로를 그렇게 객관적으로 평가한다는 것이 얼마나 어려운 일인지를. 오히려 이들이 진짜 우려하는 것은 '경쟁사가 존재하는지도 모르는' 경우다.

업계 상황에 대해 전혀 모르고 다른 사람들과 교류도 하지 않는데 투자자 입장에서 투자하고 싶은 마음이 생길까. 경쟁사를 알면서도 자기방어기재 탓에 일부러 감추려 든다면 더더욱 부적합한 회사라 생각할 것이다. 그러니 경쟁사를 마음껏 칭찬해야 한다. 그들이 가진 특허도 꿰고 있어야 하고, 그들이 먼저 이 시장에 뛰어들어 어떤 고생을 했는지도 훤히 알고 있어야 한다. 어떠한 시행착오를 겪었으며 그 결과 고객들을 얼마나 매혹시켰는지 마치 내가 경험한 것처럼 줄줄 다 꿰고 있어야 한다. 그런 다음 우리 회사, 우리 기술의 훌륭함을 이야기해야 한다. 우리가 가진 보물(차이점)을 살짝 보여주고 연평균 성장률 10% 이상의 장밋빛 시장에서 판세를 뒤집을 '엣지'있는 이런 기술이 있다고 투자자에게 설명해야 한다. 만약 투자자가 우리가 제시한 '엣지'에 별 감흥을 느끼지 않는다면 더 고민해 봐야 한다. 그때까지는 아직 우리 사업계획은 완성되지 못한 것으로 봐야 한다.

## 28. 경쟁사 약점 찾기

경쟁사를 칭찬했다면 본격적으로 경쟁사의 약점을 찾아보
자. 경쟁사를 칭찬한다는 것은 그 시장의 규모를 정확히 알
기 위함이었다. 내 사업이 얼마나 커질 수 있는지 유추하기
위함이었다. 그러니 이제는 경쟁사를 쫓지 말고 경쟁사를
뛰어넘을 생각을 해야 한다. 그런데 진입하는 시장의 가장
큰 경쟁사(선도 기업)의 매출이 생각보다 크지 않다면 사업의
본질부터 다시 생각해야 한다. 그리고 시장이 커지지 못한
것이 선도 기업이 잘못해서인지 아니면 기술적 한계 때문
인지도 살펴봐야 한다. 후발 주자가 선도 기업과 기술적 차
이를 만들어내지 못한다면 고객들은 굳이 후발 주자인 당
신을 선택할 이유가 없다.

경쟁사 분석에는 1)누가 경쟁사인가? 2)어떤 차이점을
갖고 있는가? 3)경영 상태는 어떠한가? 이 세 가지가 반드
시 포함되어야 한다. 내가 창업심사관으로 여러 기업의 창

업자들을 만나보면 생각보다 경쟁자 정의(Define)가 안 되어 있는 경우가 많았다.

1)누가 경쟁사인가? 를 찾아내는 것은 사업에서 정말 중요하다. 타겟이 정확히 셋팅되지 않으면 과녁을 정확히 맞힐 수 없다. 경쟁사를 정의하려면 결국 '업의 본질'에 대한 명확한 정의가 전제되어야 한다. 그럼 어떻게 정의해야 할까? 우리 사업을 한 줄로 표현했을 때 들어가는 단어, 그것이 우리 사업의 핵심 키워드이다. 분량이 많고 대단한 다이어그램이 필요한 것도 아니고, 스마트폰에서 메모 앱을 열고 한두 줄 써보는 것만 해도 충분하다. 이렇게 정의 내린 우리 사업의 개념을 가지고서 검색 엔진과 유튜브, 앱스토어 그리고 특허검색 사이트로 경쟁사 10곳 이상을 리스트업 하면 된다.

앞서 언급한 대로 특허 검색 사이트 키프리스부터 확인해보고 나아가 해외 검색 사이트도 체크해보자. 최근에는 문장형 검색도 가능한데 '우리 사업을 설명하는 글'만 넣어도 비슷한 특허를 가진 회사를 찾아준다. 특허 검색을 통해 경쟁사를 찾는 방법은 '유사 특허' 결과 화면에서 시작된다. 그런데 검색 결과가 너무 많다면 특허분류코드(IPC, CPC)를 추가로 한정하여 검색 결과를 줄일 수 있다. 특허분류코드는 특허 문헌에 포함된 기술 및 권리 정보에 접근하는 도구다. 도서관의 도서 분류 같은 거라 이해하면 된다. 이 분류 코드를 기준으로 검색 결과를 다시 200개 이하로 줄이면 유사 기술을 가진 경쟁사의 출원 특허들만 남게 된다. 그러면 특허를 가진 기업들을 하나씩 웹 검색을 할 수 있고, 따로 엑셀로 리스트를 저장 받을 수도 있다.

특허검색을 통해 경쟁사를 찾는 방법은 웹 검색이나 동영상 검색을 하는 것에 비해 매우 효율적이다. 대부분의 기술 기업들은 웹이나 영상을 많이 올리지 않고 보도 자료도 배포하지 않는 경우도 많기 때문에 일반적인 검색으로는 알기 어려울 때가 있다. 특히 B2B에 속하는 기술 기업들은 별도의 홍보가 없기 때문에 회사 홈페이지가 없는 경우도 흔하다. 하지만 아무리 홍보를 하지 않는 기업이라도 특허 출원은 반드시 하기 때문에 이들의 존재를 특허 검색을 통해 확인하는 것이 가장 좋다.

특허 검색 과정에서 경쟁사들이 보유한 지식재산(IP)를 알게 되고 경쟁사가 갖고 있는 기술과 우리의 기술을 비교해볼 수도 있다. 이는 경쟁사와 우리가 2)어떤 차이점을 갖고 있는가를 냉정하게 볼 수 있는 기회를 제공한다. 그리고 더욱 상세한 경쟁사 분석을 위해서는 특허법인이나 변리사들이 제공하는 IP컨설팅 서비스를 받아 보는 것도 좋다. 기술 개발을 모두 완료했는데, 그제서야 경쟁사의 특허를 알게 된다면 애써 개발한 기술이 무용지물이 될 수밖에 없다. 따라서 사업초기부터 경쟁사의 특허들을 미리 확인하고 침해소지가 없는 방향으로 개발 전략을 세우는 것이 중요하다. 이러한 전략을 도와주는 곳이 IP컨설팅, 특허컨설팅 회사들이다. R&D를 하기 전에 IP전략을 세운다는 의미에서 'IP-R&D'라고도 하는데 특허청 산하의 특허전략개발원, 한국지식재산보호원, 지역지식재산센터 등의 기관에서 컨설팅 지원사업을 거의 무료로 제공한다. 인기가 높아 컨설팅을 받기 위한 경쟁률이 높은 만큼 미리 알아보고 도움을 받으면 좋다.

이제 경쟁사의 3)경영 상태는 어떠한가? 를 알아볼 차례다. 경쟁사의 경영 정보를 보기 위해서는 매출과 재무제표, 인적구성, 손익계산서 등을 기본적으로 살펴보는 것이 중요하다. 경쟁사가 상장사인 경우에는 네이버 등의 포털에서 금융 섹션을 통해 쉽게 파악이 가능하다. 이때, 회사의 규모나 연혁, 매출과 영업이익 등을 자세히 분석하고, 경쟁사의 일부 사업군이 나와 경쟁하는 구도라면 해당 사업군의 매출도 어느정도 추정할 수 있다. 상장을 준비 중이거나 일정 이상의 매출액에 이르러 외부 감사를 의무적으로 받는 기업들은 금융감독원에서 운영하는 전자공시시스템 다트(dart.fss.or.kr)에 정보가 상세히 올려져 있다. 사업보고서,

분기보고서와 같은 정기공시 뿐만 아니라 투자자들을 위한 투자설명서, 감사보고서도 있다. 실시간 알림 서비스도 제공하는 만큼 앞서 있는 경쟁사들의 경영 상황을 실시간 모니터링 할 수도 있다. 만약 경쟁사가 다트에 나오지 않는 기업이라면 한국기업데이터에서 운영하는 크레탑(cretop.com)이라는 데이터베이스를 추천한다. 유료 서비스이긴 하지만 국내 약 1,100만 개 이상의 기업이 등록되어 있고 각종 금융 기관과 연계되어 있어 해당 기업에 관한 정확한 정보를 얻을 수 있다. 해외의 경우 크런치베이스(Crunchbase), 아울러(Owler) 등을 이용하면 된다.

경쟁사를 잘 분석하는 것이야말로 내 사업의 기회를 창출하는 것임을 잊지 말자.

## 29. 특허를 통해 얻을 수 있는 것들

사업을 하는 사람들은 왜 특허권을 얻고자 하는 것일까? 특허를 등록받는 것과 사업이 성공하는 것이 같은 의미가 아니라는 것은 모두가 잘 알고 있다. 그럼에도 특허권을 갖고 싶어하는 사람들이 많다.

많은 사람들이 특허를 일단 보유하면 해당 아이템에 대해 독점 실시권을 갖는 것으로 알고 있다. 이러한 '믿음'은 "저작자, 발명가, 과학기술자와 예술가의 권리는 법률로써 보호한다"라는 헌법 제22조에 근거한다. 더 나아가 특허권을 침해한 자는 7년 이하의 징역 또는 1억 원 이하의 벌금에 처하며(특허법 225조), 침해금지소송(특허법 126조), 손해배상소송(특허법 128조)에 처해질 수 있음을 명시하여 제도적으로 발명가를 보호하고 있다.

이러한 지식재산권은 결국 자본주의 사회의 중요한 구성원인 기업을 위한 '사회제도적 보험'에 해당한다. 즉, 내 사업이 잘 되었을 때 경쟁자의 시장진입을 막을 수 있는 장벽으로서 일종의 보험적 의미를 지닌다고 할 수 있다.

## 지식재산권을 보험이라고 보는 이유

첫 번째, 눈에 보이지 않지만 미래에 발생할 수 있는 일에 대한 권리라는 점에서 보험과 동일하다. 보험에서 보험증서가 중요하듯 지식재산권은 특허증, 상표증이 중요하다. 두 번째, 보험에 가입하고 사고 접수를 해야 보험금을 받을 수 있는 것처럼 지식재산권도 등록하고 침해 주장을 해야 배상금도 받을 수 있다. 세 번째, 가입 요건을 따져 보험 가입이 결정되듯 특허청 심사관들은 사업아이템이나 브랜드가 담긴 출원서를 심사하고 등록 요건을 따져 특허나 상표 등록을 결정한다. 특허의 경우 신규성, 진보성을 따지고 상표는 식별력 등을 따진다. 네 번째, 보험설계사가 보험 가입자의 상황과 필요성을 꼼꼼하게 따져 보험을 추천해주듯 지식재산의 전문가인 변리사는 사업가의 상황과 보유기술 및 보유 브랜드를 꼼꼼하게 살펴 최적의 지식재산 포트폴리오를 설계해준다. 다섯 번째, 보험 유지를 위해 매달 보험료를 내듯 지식재산권 유지를 위해서는 연차료를 매년 특허청에 납부해야 한다. 여섯 번째, 가입한 보험을 기초로 대출받기가 가능한 것처럼 지식재산권을 담보로 대출받기도 가능하다. 국제회계기준(IFRS)으로도 당연히 기업 자산으로 평가되며 투자심사역을 상대로 기업가치를 방어하고 높이는 데에도 중요한 역할을 한다. 일곱 번째, 보험이 각종 사고와 재해, 인명 사고 등의 피해 복구를 도와준다면 경쟁사에 의한 기술 탈취, 브랜드 디자인의 모방에 대한 배상을 제도적으로 보장하는 것 또한 지식재산권이다.

보험을 가입한다고 해서 행복한 삶이 보장되는 것은 아닌 것처럼 지식재산권을 확보한다고 해서 사업의 성공이 보장되는 것은 아니다. 하지만 새롭게 만들어낸 아이디어가 시장에서 소비자들의 뜨거운 반응을 얻게 되고, 당신의 브랜드와 디자인이 각광을 받게 되고, 경쟁사들이 그러한 아이디어와 브랜드와 디자인을 따라하고 싶어지면 '사업보험'인 지식재산권의 가치는 더욱 높아지게 된다. 그렇기 때문에 사업을 하는 사람 또는 사업을 준비하는 창업가라면 사업에 대한 보험 즉, 사업보험이라 할 수 있는 특허권, 상표권, 디자인권에 대해 최소한의 기본 사항은 알아 둘 필요가 있다.

지금부터는 특허가 어떤 점에서 사업에서 중요한 역할을 하는지 간단히 살펴보자.

## 특허가 필요한 이유

첫 번째, 특허 침해로부터 사업을 보호할 수 있다. 특허 등록을 받아야 하는 이유는 간단하다. 피터 틸의 책 『제로 투원』에도 나왔지만 기업은 무조건 독점 판매가 수익을 향상시키는 모범 답안이다. 특허를 받아 놓아야 하는 이유는 경쟁자들이 내가 만든 시장에 진입하지 못하도록 막는 것이고 진입하더라도 톨게이트 비용을 징수하기 위함이다. 그 방법으로 하나는 특허권에 기반한 '침해금지소송'이고, 또 다른 하나는 특허권에 기반한 '손해배상소송' 또는 '라이센싱 계약에 의한 기술료 징수'이다. 다시 한번 강조하지만 특허는 보험의 역할이다. 잘 된다는 소문이 나면 대기업을 포함해 다양한 경쟁자들이 '나도 좀 벌어보자'라는 심보로 우리가 기껏 만들어 놓은 시장에 늑대처럼 침입한다. 이를 막을 방법은 특허권밖에 없다는 것을 명심하자.

두 번째, 특허를 많이 갖고 있으면, '특허 공격'으로부터 협상력이 생긴다. 보통 창업 3년 이후쯤부터 시작되는데, 여기서 말하는 특허 공격이란 우리가 취득한 특허를 무효화 시키려고 누군가가 우리는 공격하는 것이 아니라 시장 보편적이라고 생각하고 쓰던 기술에 대해 누군가가 특허권을 취득하고 나에게 특허 사용료를 지불하라는 식의 공격을 말한다. 이런 공격을 받게 되면 상대방 특허가 무효이거나 내가 실시 중인 기술이 해당 특허와 관련이 없음을 입증해야 한다. 자칫하면 승소할 때까지 아무것도 못하고 막대한 소송 비용만 쓰게 될 수도 있다. 그런데 내가 특허 포트폴리오를 보유하고 있다면, 내가 보유한 특허가 상대방을 역공격할 수 있다면, 서로 간에 협상이 가능해진다. 그러면 비용과 시간 그리고 스트레스를 아낄 수 있다.

세 번째, 창업자의 특허를 자본금으로 현물 출자가 가능하다. 특허마다 등록 비용은 비슷하게 들지만 사업이 진행되고서부터는 특허 가치는 절대로 동일하지가 않다. 특허 시장에서 필요로 하는 기술일수록 특허의 가치는 급속도로 높아진다. 그리고 벤처캐피털의 투자를 받는 경우 개인사업자 또는 개인 명의로 보유한 특허 가치를 주식회사로 이전시키면서 자본금으로 인정받을 수도 있다. 그러려면 벤처 기업 확인도 받아야 하고 지정된 기관으로부터 기술가치평가도 받아야 한다. 사업이 아직 자리 잡히지 않은 상태라면 분명 재무 상태는 좋지 않을 것이다. 그런 상황에서도 좋은 조건으로 투자를 받을 수 있다.

네 번째, 정책 혜택을 누릴 수 있다. 정책자금, 기술금융 등을 얻기 위한 기업 평가표에는 특허에 관한 항목이 반드시 포함된다. 특허 보유는 정량적이고 명목적으로 기업에게 신뢰와 가점을 준다. 이 가점 하나로 정책 자금 심사를 통과할 수도 있다. 국책 연구과제를 수주하기 위해서는 가점 확보가 필수적인데 특허청에서 운영하는 '직무발명보상 우수기업'으로 인정되면 추가로 가점을 받을 수 있다.

다섯 번째, 확실한 특허권을 갖고 있으면 인재 스카우트 시 회사의 신뢰감을 상승시킬 수 있다. 연구전담부서나 연구소 설립에 필요한 연구인력을 채용할 때 특허는 매력적인 요소가 되어 스타트업 참여 여부를 망설이는 인원들을 끌어들이는 역할을 한다. 채용하고자 하는 팀원에게 당신의 특허권을 보여주고 당신이 하고자 하는 사업이 특허 문서에 명확히 정의되어 있다는 것을 보여주게 된다면 회사에 대한 신뢰가 자연스럽게 높아진다.

여섯 번째, 특허권을 갖고 있으면 안정적 대외 활동을 할 수 있다. 마케팅 비용이 부족한 스타트업은 홍보를 겸해서 정부지원사업 발표나 창업경진대회 등의 대외 활동을 많이 한다. 그런데 여기서 주의할 점이 특허출원 되지 않은 아이디어를 학회, 세미나, 블로그, 유튜브 등으로 공개하게 되면 특허등록요건인 '신규성'을 상실하여 특허를 받지 못하게 될 수도 있다는 것이다. 그래서 대외적인 공지 활동을 하기 전에 반드시 특허출원을 미리 해놓는 것이 좋다. 한편, 일부 투자자 중에서는 투자할 생각도 없으면서도 아이템을 카피할 목적으로 컨택을 해오는 경우가 있다. 이미 본인이 투자한 비슷한 아이템을 진행하고 있는 다른 창업팀에 알려주기 위해서 깊이 물어오는 경우이다. 그래서 특허를 출원하지 않고서 이런저런 투자자를 많이 만나는 것은 대단히 위험한 행동이라 할 수 있다.

일곱 번째, 선행기술 조사로 사업 위험과 기회를 확인할 수 있다. 이미 유사한 기술이 있는지 논문, 특허 자료 등을 확인하는 것이 선행기술 조사다. 네이버, 구글 등 포털 검색보다는 특허정보넷 키프리스에서 전문 자료 검색을 추천한다. 그리고 최근에는 유튜브 검색도 꼭 해보아야 하는데, 전 세계 각지에서 각종 실험 영상을 동영상으로 올리는 것이 보편화되면서 유튜브에서 선행기술이 이미 있는지를 파악해보는 것도 중요해졌다. 이 같은 조사 과정에서 내가 하려는 사업의 위험을 발견할 수도 있고, 반대로 사업의 또 다른 기회를 발견할 수도 있다. 앞서 존재했던 혁신들을 가볍게 여기고 탐구하지 않는다면 엉뚱한 일에 시간을 써버리고 뒤늦게 후회하는 창업가가 될 수도 있다.

# 30. 특허포트폴리오 만들기

특허포트폴리오는 기업의 필수자산이다. 특허포트폴리오란, 단일한 특허권이 아니라 기업이 자신의 제품과 서비스를 입체적으로 보호하기 위해 체계적으로 구축한 특허군을 말한다. 투자유치 과정에서 투자회사 심사역이 처음부터 물어보는 것이 보유 특허의 '양과 질'이다. 내가 아무리 좋은 기술을 가졌다 하더라도 매출과 직원규모에서 압도적인 경쟁사가 우리 기술을 카피해버린다면 우리 기업은 시장에서 쉽게 밀려 버린다. 강력한 포트폴리오는 경쟁사와 특허분쟁에서 승리하는 원동력이 되고 전쟁이 일어나지 않도록 하는 안전 자산의 역할을 한다. 경쟁사를 충분히 분석했다면 경쟁사를 뛰어넘을 아이디어들을 확보하고 이를 강력한 특허포트폴리오로 만들어야 한다.

기술기반 기업의 생존에 필수적인 특허포트폴리오를 강

력하게 구성하고자 할 때 반드시 확인해야 하는 일곱 가지
사항들을 살펴보자.

## 출원일 확보가 최우선이다

특허, 실용신안, 디자인 및 상표를 포함하는 지식재산권
은 모두 특허청에 서류를 제출하고 특허청 심사관에게 등
록 가능성을 심사받은 후 등록 여부가 결정되는 절차를 따
른다. 특허청에 서류를 제출하는 것을 '출원'이라 하고 특허
청에 서류를 제출한 날짜를 '출원일'이라 한다. 지식재산권
의 등록 여부는 이 출원일을 기준으로 한다.

전략적 선택이 필요한 경우를 제외하면 출원일은 대체로
빠를수록 좋다. 지식재산권이 등록된 날짜보다 심사를 위
해 각종 서류 등을 제출한 날이 더 중요하다. 왜냐면 심사에
걸리는 기간(통상 1년 이상 소요됨)은 각기 다르기 때문에 누구
의 출원일이 먼저냐에 따라 우선권이 주어지기 때문이다.
그리고 출원자의 공개 행위에 의해서 등록이 거절될 수도
있는바 제품 출시, 서비스 런칭, 학회 발표, 각종 설명회 등
을 통해 발명의 핵심적인 내용을 대중에 공개할 경우 그 전
에 출원을 하는 것이 중요하다.

국내법에 따르면 출원 전 일정 기간의 공개행위에 대해
서는 예외로 처리해주는 규정이 있긴 하나, 이는 국가마다

적용 기준과 기간이 다르기 때문에 해외 출원시 인정이 안 되는 경우도 발생한다. 국내에서도 예측할 수 없는 다양한 리스크가 있기 때문에 가능한 공개 행위는 안 하는 것이 좋다. 다만 우선권 주장 제도가 있기는 하다. 그리고 발명이나 고안의 핵심적인 내용을 형식에 구애받지 않고 제출하여 출원일(선출원)을 먼저 확보한 후, 1년 내로 다시 형식을 갖춰 출원(후출원)하게 되면 공통되는 부분에 대해서 최초의 출원일로 인정받을 수 있다.

분할출원을 적극적으로 활용하자

분할출원은 기존의 특허출원에서 분할되어 기존 출원과 동일한 내용과 출원 일자를 인정받되, 다른 권리범위(청구항)를 갖는 새로운 특허출원을 말한다. 특허 포트폴리오 구축에 있어 하나의 발명이라 하더라도 다양한 관점에서 서로 다른 권리 범위를 갖는 특허를 여러 개 등록받는 것이 유리하다. 이때 분할출원을 활용하면 상대적으로 저렴한 비용으로 여러 개의 등록 특허를 포함해 특허 포트폴리오를 구축할 수 있다. 분할출원 제도를 효율적으로 활용할 수 있는 구체적인 예 중 하나로는 특허 출원에 대한 등록 결정을 받은 후 등록료 납부 전에 분할출원을 진행하는 방법이다. 이 경우 등록 청구항을 참조하여 더 나은 권리범위 또는 다른 관점의 새로운 권리범위를 추가적으로 갖는 하나 이상의 특허 등록을 시도할 수도 있다.

## 우선심사와 일괄심사를 활용하자

특허출원 후 등록까지는 대체로 1년 이상의 시간이 소요된다. 그런데 소정의 요건을 갖추고 추가 비용을(일종의 급행료) 지불한 출원인에 대해서는 심사 기간을 약 6~8개월로 단축시켜주는 우선 심사 제도라는 게 있다. 그리고 최근에는 하나의 제품에 관련되거나 같은 나라의 R&D 사업에 관련된 복수의 특허, 실용신안, 디자인 및 상표출원에 대해서는 출원인이 원하는 시기에 맞추어 일괄적으로 심사해주는 일괄심사 제도도 있다. 일괄심사는 일반적으로 예비심사와 함께 진행되어 일반적인 우선심사보다 더 빠르게 지식재산권 등록이 가능한 방법이다. 실제로 일괄심사 제도를 활용해 특허출원 후 한 달 만에 등록 결정을 받거나, 일곱 건의 특허를 출원 후 반년 안에 모두 등록받는 경우도 있었다.

## 특허만 생각하지 말고 입체적인 권리화를 꾀하자

특허 외 다양한 권리로 우리 제품과 서비스를 입체적으로 보호하는 전략을 짜야 한다. 기업의 브랜드를 보호하는 것이 상표권이라면 기업의 제품(또는 서비스)을 보호하는 것은 특허권과 실용신안권 및 디자인권이라고 할 수 있다. 실용신안은 특허와 유사한 권리를 보장하며 특허에 비해 상대적으로 등록이 용이한 대신 존속 기간이 10년으로 짧다. 디자인권은 제품의 외형적 특징을 등록하여 보호받는 데 이용된다.

한정적인 예산범위 내에서 최적의 권리를 획득하기 위해서는 위의 세 가지 권리를 적절하게 이용하여 포트폴리오를 구축해야 한다. 예를 들어 특허 대신 실용신안을 활용하여 더 넓은 권리범위를 확보할 수도 있고, 특허나 실용신안으로는 원하는 권리범위를 확보하기 어려운 경우 같은 비용으로 복수의 디자인권을 확보하는 방식으로 포트폴리오를 구축할 수도 있다. 유명 프랜차이즈 업체에서 사용되는 테이크아웃 커피 컵 뚜껑인 머그리드를 제조 및 판매하는 주식회사 케이앤랩의 경우, 컵 뚜껑의 기술적 특징에 대한 특허권 1개와 컵 뚜껑의 변형 가능한 다양한 형태에 대한 72개의 디자인권을 등록받아 제품을 보호하고 있다.

경쟁사로서는 풍부하고 입체적인 IP포트폴리오를 갖고 있는 기업의 제품은 선뜻 카피하기가 어렵다. 무엇을 침해하고 있는지도 파악이 안 되고, 파악이 된다 하더라도 그렇게 풍부한 지식재산권 중 어떤 것을 무효화시켜야 할지 분석하는 데에도 많은 시간이 걸린다. 이처럼 풍부한 IP포트폴리오는 기업의 강력한 무기가 된다.

## 효과적인 해외출원 전략을 구사하자

해외출원 방법은 크게 PCT(Patent Cooperation Treaty, 특허협력조약)를 통하는 방법과 PCT를 통하지 않고 각국에 직접 출원하는 방법 이렇게 두 가지로 나눌 수 있다. 국내 업체의 경우 국내출원 이후 해외출원을 하는 것이 일반적인데, 이때 해외출원은 국내 출원일로부터 1년 이내에 이루어져야 한다. 그런데 PCT를 이용하게 되면 최초의 국내 출원일로부터 약 30개월 또는 31개월(국가마다 상이) 내에 원하는 국가를 선택하여 출원할 수 있어 국가 선택을 위한 시간을 확보할 수 있다는 장점이 있다.

하지만 PCT를 이용한다고 하여 각국 출원에 필요한 비용이 절감되는 것은 아니기 때문에 이미 출원할 나라가 확정되어 있다면 PCT를 통하지 않고 바로 출원을 진행하는 것이 출원에 들어가는 비용을 절감하는 방법이 된다. 또한 중국의 경우 실용신안은 방식 심사만 거치면 등록이 가능하다. 일부 중국 업체들은 이를 악용해 한국에서 등록된 특허나 판매 중인 제품을 도용하여 중국 실용신안을 등록받기도 한다. 따라서 중국시장 진출을 계획 중인 기업은 이에 대한 대응책으로 또는 저렴한 비용으로 빠르게 중국 내 등록 권리를 확보하기 위해 중국 실용신안 출원을 함께 진행하는 것이 좋다.

## 특허의 가치를 높이는 청구항을 확인하자

등록된 특허의 가치는 청구항(권리범위)에 의하여 결정된다. 청구항 중에서도 가장 중요한 것은 '독립항'이다. 다른 청구항을 인용하지 않는 청구항을 독립항이라고 한다. 청구항은 발명의 구성 요소가 온전히 기재되어 잘 등록되었는지가 중요하다. 특허 침해 여부의 판단은 독립항에 포함된 모든 발명의 구성 요소가 기준이 된다. 독립항에 필수 내용이 포함되지 않으면 발명을 보호받지 못하는 것이고 독립항에 불필요한 내용이 포함되어 있다면 회피 설계의 빌미를 제공하는 것이 된다. 따라서 독립항이 기업의 제품, 서비스 또는 이를 뒷받침하는 기술 요소를 얼마나 군더더기 없이 잘 설명하고 있는지가 특허 가치를 판단하는 가장 큰 기준이 된다.

## 전문가와 상담하자

다양한 지식재산 보호 방법을 최대한 쉽게 설명하려고 했지만 잘 이해했는지 모르겠다. 그런데 글로 이해하는 것과 실제 특허 출원을 해보는 과정은 또 다른 문제다. 기업의 사정과 기술내용, 니즈에 따라 훨씬 다양한 사례들과 그에 따른 출원 전략이 존재하기 때문에 무엇이 정답이다, 라고 딱 규정지어 말하기가 어렵다. 그래서 가장 좋은 지식재산 포트폴리오 구성전략은 제대로 된 전문가와 상담하는 것이다. 지식재산에 관한 전문가는 변리사이기 때문에 당신의 사업에 대한 이해가 높은 변리사를 직접 만나 논의하는 것이 가장 효과적이다.

믿을 수 있는 전문가를 찾아가 상담을 요청하면 기업의 기술과 현재 상황 나아가 예산 범위까지도 고려한 최적의 전략을 제공받을 수 있다. 가능하면 직접 사무소를 찾아가 보는 것이 좋다. 요즘에는 온라인 웹사이트만 걸어 놓고 변리사 자격을 대여해 사업을 영위하는 무자격자들이 많다. 만약 변리사가 만나주지 않거나 상담을 해주지 않는다면 그 사무소는 변리사가 운영하는 사무소가 아닐 수도 있으니 주의해야 한다. 단지 '싸다'는 이유로 어렵게 개발한 기술이나 아이템을 엉망으로 만드는 일은 없어야겠다.

# 31. 미션, 비전, 핵심가치

정신없이 사업을 하다 보면 '내가 왜 이걸 하고 있지?'라는 생각이 들 때가 있다. 꼭 대표가 아니라 직원이라도 가끔 이 같은 근본적인 물음에 빠지는 경우가 있다. '현타'(현실 자각 타임)라고도 하는데, 이런 고민에 빠지는 이유가 미션과 비전 그리고 핵심가치가 명확하지 않아서이다. 지금 하고 있는 이 일이 누구를 위한 일이며 왜 하는지에 대한 물음과 그것에 대한 실마리 즉, '미션'과 '비전' 그리고 '핵심가치'는 조직의 근원이 되고 성공 방정식과 연결되는 기업의 가치관이라 할 수 있다.

'미션'은 우리 조직의 존재 이유를 의미하는 'Why(왜)'에 해당하며, '비전'은 미션이 구체화된 모습을 말하는 'What(무엇)'에 해당한다. 그리고 '핵심가치'는 미션을 지키며 비전을 달성하기 위한 실천방법론인 'How(어떻게)'에 해당한다. 미션과 비전 그리고 핵심가치를 구성원들과 함께 정하면 조직의 존재 이유와 목적이 명확해지고 하나의 목표를 향해 몰입할 수 있는 실마리가 보인다. 그래서 많은 글로벌 기업들이 홈페이지나 회사 소개자료, 소개 영상 등의 첫 장면에 회사의 미션과 비전을 언급한다. 멋을 내기 위한 것이 아니라 기업의 철학과 존재 이유 그리고 조직문화에 관한 중요한 선언이기 때문에 그렇다. 이제 본격적으로 하나씩 살펴보자.

### 미션

우리가 왜 이 사업을 하는지 근본에 대한 정의이다. 사업을 하다가 어려워지면 회사의 존재 의미인 미션을 되새기게 된다. 우리가 왜 존재하는지, 세상의 어떤 변화를 위해 일하고 있는지 이런 질문들을 다시 하면서 초심을 되새긴다. 그런데 미션이 없는 상태에서 힘든 일이 맞이하면 회사는 방향을 잃고 표류를 하게 된다.

미션은 대표이사 혼자서 결정하면 안 된다. 대표나 창업 동지들을 제외한 대부분의 직원들은 대표만큼의 에너지를 갖고 있지도 않고 회사의 장기적인 계획 등을 심각하게 고민하지도 않기 때문에 대표 혼자 정하는 미션만큼 직원들 입장에서 공허하게 들리는 것이 없다. 그래서 경영진들과 구성원들이 열린 마음으로 다양한 이야기를 나누면서 함께 정하는 것이 좋다. 우리의 고객은 누구인가? 우리의 연봉은 어디에서 오는가? 이 일은 왜 중요한가? 같은 질문을 서로에게 하면서 '업의 본질'을 찾아가는 과정이 바로 조직의 성장이라고 할 수 있다.

내가 현재 몸담고 있는 특허법인도 여러 번의 워크숍을 통해 동업자들과 '창의적 IP전략으로 고객의 성장을 촉진한다'라는 미션을 함께 만들어냈다. 특허청과 법원을 대상으로 지식재산권에 관한 업무를 수행하는 전통적인 변리사의 개념을 넘어 '기업의 성장을 촉진하는 일'이 우리가 수행해야 할 비즈니스이며, 가치를 만들어 내기 위한 핵심이라고 생각했다. '창의적인 IP전략을 기반으로 고객의 성장을 촉진하는 일'은 다른 경쟁 특허법인들이 하기 어려운 일이며, 우리만 할 수 있는 미션이라고 생각했다.

비전

비전은 조직 구성원 모두가 추구해야 하는 방향과 꿈, 미래에 대한 답이다. 좀 더 현실적인 관점에서 본다면 비슷한 일을 하는 다른 회사도 많은데 내가 왜 이 기업에 남아야 하는지에 대한 명분이기도 하다.

다시 내가 속한 특허법인의 비전을 예로 들면 '끊임없이 진화하는 IP-Business 전문가 그룹'이 우리의 비전이다. 이

러한 비전은 우리가 설정한 미션을 구체화하는 것이라 할
수 있다. 그러면서 우리는 다른 기업과 어떤 부분에서 달라
야 하는지를 정했다.

## 핵심가치

핵심가치는 미션을 지키며 비전을 달성하기 위한 실천
사항이다. 조직이 어떤 신조를 갖고 있어야 하는지를 담은
것으로 구성원들의 집중을 위해서는 다섯 개 이내로 정하
는 것이 좋다.

우리 특허법인의 경우 '고객에 대한 관심' '변화에 대한
갈망' '기본에 대한 충실함' '신뢰에 부합하는 책임감' 이렇
게 네 가지를 핵심가치로 정했다. 이 네 가지 핵심가치는 비
전인 '끊임없이 진화하는 IP-Business 전문가 그룹'이 되기
위한 행동 강령이고, 미션인 '창의적 IP전략으로 고객의 성
장을 촉진'시키는 데 필요한 마음가짐에 해당한다.

막상 사업을 10년 가까이해보니 창업하고 얼마 안 되는
시점에서 미션과 비전을 명확히 수립하는 것은 거의 불가
능에 가까운 것이 아닌가 하는 생각이 들었다. 나름대로 다
양한 경험과 사업적 고난을 극복하면서 비교적 최근에서야
회사의 미션, 비전 그리고 핵심가치가 필요하다는 것을 알

고 임직원들과 함께 정하게 되었다.

　조직이 성장하는 과정에서 여러 가지 문제점이 생기기 시작할 때, 이때가 바로 우리의 미션과 비전 핵심가치를 정할 때다. 동업자와 직원들과 초심으로 돌아가서 차분히 우리 업의 본질과 앞으로의 꿈에 대해 이야기 나누는 시간을 가져보자.

# 32. 주주총회를 축제로

3월은 주주총회의 계절이다. 우리나라의 많은 경영자들은 주주총회를 부담스러워 한다. 이제 막 대표이사가 된 창업가도 주주총회를 은근히 두려워한다. 뉴스나 드라마에서 주주총회 현장에서의 권력 다툼만 봤기 때문이다.

누가 경영진으로 선임되는가에 따라 기업의 한 해 경영 실적은 물론이고 기업가치에 대한 시장의 평가와 판단이 뒤바뀔 수도 있다. 그래서 많은 사람들이 주주총회에 관심을 갖는다. 나도 다수의 스타트업에 투자하면서 매년 3월이 되면 여러 주주총회에 참여하기도 하고, 참여하지 못하면 다른 사람에게 위임장을 보내기도 한다. 스타트업의 경우 배당이 나오면 감사한 일이지만 그렇지 못하더라도 1년간 수고한 경영진의 노고에 감사하며 올해는 주주로서 어떤 도움을 줄 수 있을지 고민하기도 한다.

워런 버핏이 최고경영자로 있는 투자회사 버크셔 해서웨

이의 주주총회는 매년 네브래스카주 오마하의 CHI헬스센터 경기장에서 개최된다. 4월 말에서 5월 초 사이에 개최되는데 '자본가들의 축제'라 불릴 정도로 많은 사람들이 참가한다. 버크셔 해서웨이의 주총은 보통 2박 3일 동안 진행되는데, 첫날은 회사에서 투자한 기업들의 제품과 서비스를 소개하고 판매를 한다. 그리고 둘째 날에는 실제 주총을 열고, 마지막 날에는 짧은 마라톤 행사 같은 다양한 이벤트를 연다. 한마디로 주주총회를 축제처럼 기획하고 꾸민다. 주주총회의 공식 안건에 대한 의결은 비교적 짧게 끝나지만 워런 버핏과 찰스 멍거의 Q&A 세션이 포함되기 때문에 이들의 통찰력 있는 이야기를 듣기 위해 그리고 축제를 즐기기 위해 매년 4만 명에 가까운 주주들이 직접 오마하를 방문한다.

모든 기업이 버크셔 해서웨이 같은 회사가 될 수는 없지만 창업한지 얼마 안 된 스타트업이라면 주주총회를 잘 활용해 사업에 큰 도움을 받을 수 있는 행사로 꾸밀 필요가 있다.

그동안 수많은 주주총회를 다니며 주주들의 마음을 사로잡은 스타트업 대표이사들의 '주총 요령', 어떻게 하면 주주총회를 축제로 만들 수 있는지 총 세 가지로 정리해보았다.

형식과 절차를 지켜서 진심으로 초대하자

주식회사의 주인은 주주들이다. 회사의 모든 의사결정사항에 대해 매번 주주들의 의견을 묻는 것은 비효율적이기 때문에 대부분 3인 이상의 이사로 구성된 이사회를 열고, 이사 중 대표인 대표이사를 선임한다. 대표이사는 내부적으로 업무를 집행하고 대외적으로 회사를 대표하는 자리이다. 많은 초기 창업자들은 '창업자'이자 '대표이사'인 자신이 회사와 동일 인격이라고 생각하지만 엄밀하게 보면 회사는 '기관'이다. 따라서 여전히 회사의 주인은 주주이고 기본적으로 주주총회는 주주들을 모셔서 보고하는 날이다.

주주가 몇 명 없는 스타트업의 주주총회는 사업의 새로운 아이디어를 얻을 기회가 될 수 있다. 자기 돈을 투자해준 고마운 사람들이기 때문에 그들을 한자리에 모은다는 것은 매우 의미 있는 일이다. 이때 주주들의 조언을 듣는 것은 주주총회에서 회사의 재무제표를 승인하는 것보다도 더 중요한 일이다. 꼭 3월 마지막 주에 주주총회를 개최해야 하는 것은 아니다. 주주가 몇 명 되지 않는다면 날짜를 조율해서 가급적 모두가 참여할 수 있는 날로 정하는 것이 좋다. 물론 정식 소집통보 절차는 상법에 정해진 것이기 때문에 반드시 형식을 갖춰서 해야 한다.

주주들은 기꺼이 자기 시간을 내어 주주총회에 참석하고

자신의 네트워크와 통찰력을 경영자를 위해 베풀어줄 것
이다.

### 기꺼이 공개하고 도움을 구하자

창업 초기에는 사업 실적과 지표가 좋기가 어렵다. 그러
니 적자와 어려움을 굳이 주주들에게 숨길 필요는 없다. 특
히 엔젤 투자 등으로 참여한 초기 스타트업의 주주들은 이
해심도 넓은 편이다. 따라서 상세한 자료는 보고서 등으로
별도로 제공하고 전년도에 사업을 하면서 어려웠던 점에
대해 허심탄회하게 털어놓는 시간을 가지는 것이 좋다. 해
결해야 하는 문제점을 다섯 가지 정도로 정리하고 주주들
에게 해결 방법을 물어보는 것도 주주총회를 통해 회사를
성장시킬 수 있는 좋은 전략이 된다.

### 미래에 대해서 대화를 나누자

내가 투자했던 스타트업의 대표이사 중에 이런 분이 있
었다. 이전 년도에 어려웠던 부분에 대해 솔직하게 이야기
하면서 올해 사업에는 무엇이 중요한지 그리고 무엇을 도
움받으면 좋을지를 발표했다. 주주들은 대표가 진행하는
2~30분간의 발표를 집중해서 듣고 대표의 부탁을 접수하
고는 곧바로 여기저기 아는 사람들에게 카톡을 보내기 시

작했고, 주주총회가 끝나기 전에 이미 여러 개의 미팅들이 만들어졌다. 그 회사는 이후 여러 어려움을 극복하며 나중에는 큰 규모의 후속 투자유치에도 성공하게 되었다.

주주들은 회사가 잘 되길 바란다. 경영자가 올해 사업 계획을 발표하면서 주주들과 눈을 마주치며 이슈를 설명하거나 고충이나 고민을 솔직 담백하게 이야기하면 주주들은 창업가를 도와주지 않을 수 없다. 이처럼 주주총회는 회사의 미래에 대한 이야기가 이루어지는 것만으로도 충분히 좋은 축제 자리가 될 수 있다.

주식회사는 자본주의의 꽃이다. 주주와 경영진들은 기업을 통해서 많은 사람들의 일자리를 제공하고 있으며 회사에서 제공하는 서비스, 제품을 통해 다수의 사회구성원들을 행복하게 한다. 주주총회를 겁낼 필요는 없다. 주주총회를 축제로 만들면 우리와 우리 기업은 매년 더 행복한 성장을 거둘 수 있다.

# 33. 기술특례상장 준비하기

대표적인 투자회수 방법으로는 인수합병(M&A)과 기업공개를 통한 상장(IPO)이 있다. 여러 가지 이유가 있겠지만 인수합병에 대한 부정적인 인식과 제한적인 규모로 인해 대부분의 국내 스타트업들은 대부분 IPO(기업공개)를 목표로 한다. 국내에서 초기투자를 담당하고 있는 벤처캐피탈도 대부분 M&A보다는 IPO 방식의 투자 회수를 선호한다. 통계적으로 보게 되면 IPO를 통한 투자금 회수 규모가 M&A를 통한 회수보다 약 여섯 배에 이를 정도로 크다. 상황이 이렇다 보니 기업가나 투자자 모두 어떻게 최단 기간에 IPO를 할 수 있을지 고민한다.

코스피나 코스닥에 기업을 상장하는 방법에는 여러 가지 루트가 있는데, 그 중 상장 요건을 완화해주는 '기술 중심' 또는 '사업 모델 중심' 특례 상장 제도가 있다. 이 방법은 특히 기술 기반의 창업가들로부터 많은 주목을 받고 있다.

기술특례상장을 위해서는 2개의 전문 평가기관의 기술평가 결과가 A 등급 혹은 BBB 등급 이상이어야 한다. 전문평가기관은 기업의 기술성과 시장성에 대해 검증하는데, 이들의 평가항목과 주요 평가사항은 전문평가제도 운영지침에 의해 제도화 되어 있다.

언론에 보도된 바와 같이, 한국거래소는 2021년 1월 1일자로 전문평가제도 운영지침을 개정하여 기술성과 시장성 평가항목을 대폭 개선한 바 있다. 주된 내용은 평가사항을 26개에서 35개로 확대 및 세분화하고 이중 사업성의 비중을 확대하는 한편, 항목별 핵심 내용과 유의 사항을 마련한다는 것이다. 주된 개편 방향은 정량적으로 평가하던 요소를 정성적 측면에서도 평가하도록 하는 것과 중요도가 매우 높았던 대표자 1인의 역량 이외 주요 경영진이나 기술 인력들의 역량도 다면적으로 평가한다는 내용을 담고 있다.

다만 35개의 항목을 기초로 기업을 평가한다는 지침만 공개되어 있을 뿐 구체적으로 기술 신뢰성을 어떻게 평가하고 주력 기술의 차별성은 어떻게 판단하는지 기업 입장에서는 알기가 어렵다. 그래서 당연한 얘기겠지만 기업 단독으로는 준비가 어렵다. 특히 각 평가항목별로 정해진 배점이 있고, 특정한 항목에서는 높은 평가를 받더라도 다른 항목에서 낮은 점수를 받게 되면 전체적으로 최소 상장요건인 A와 BBB 등급을 받기가 어렵다. 따라서 기술기반의 기업이라면 언제 상장할지 장기적인 계획이 반드시 필요하며 첫 기관투자 시점인 시리즈A 투자유치 때부터 미리 평가항목을 준비하는 것이 필요하다. 아무리 상장 요건을 완화해주는 기술특례상장이라고 하지만, 세부적으로는 기술평가항목이 35개에 달하며 몇 개월 만에 준비하기 어려운 항목이 절반 이상이라고 봐야 하기 때문에 최소 2년에서 3년의 시간을 준비 기간으로 잡아야 한다.

하나의 기업이 수 년에서 수십 년에 걸쳐 쌓아온 기술과 사업 성과를 짧은 기간 동안 평가한다는 것은 쉬운 일이 아니다. 특히 새롭게 태동하는 기술의 수준과 시장의 규모, 성장성 등에 대한 충분한 이해와 사전 지식 없이는 정확한 평가도 어렵다. 내가 알고 있으니 평가자들도 알고 있을 것으로 속단해서도 안 된다. 충분히 객관적인 근거를 바탕으로 평가위원이 충분히 공감할 수 있는 스토리라인을 통해 우리 기업이 보유한 기술의 우수성과 사업성을 제시해야 한다. 어쩌면 기술특례상장에서는 '기술'보다 그 기술이 앞으로 시장을 어떻게 바꿀지에 대한 '스토리'에 대한 공감일 수도 있다.

기술특례상장에 필요한 기술평가는 각 항목별로 등급을 부여하고 전체 35개의 항목의 가중치를 고려하여 전체 평가점수와 평가등급을 산출하는 과정이다. 이 과정에서 각 평가항목은 결국 정량화 과정을 거치게 된다. 따라서 숫자로 설명할 수 있는 부분은 반드시 숫자로 제시되어야 한다. 기술제품의 수명이나 연구개발 투자현황, 주력 기술제품 시장 규모 등은 확실하게 숫자로 표현되어야 한다. 그 밖에 정성적인 요소인 기술의 신뢰성, 기술의 자립도, 혁신성 등의 항목도 가능하면 수치화해보는 것이 좋다. 대신 숫자를 설명할 수 있는 명확한 근거가 있어야 한다.

어떠한 기술적 차이점을 갖고 있는지 평가가 되고 나면 당연히 특허가 기술성 평가에 막대한 영향을 미친다. 한국거래소의 새로운 지침에 따라 개편된 기술성 평가 방식에서 기술 관련 지식재산관리 항목은 정성적인 요소를 강화하는 방향으로 수정되었다. '지식재산의 관리'에 방점을 두고 있기 때문에 회사의 특허권이나 상표권 등이 잘 확보되어 체계적으로 관리되고 있는지, 지식재산관리를 위한 독립 조직과 인력을 보유하고 있는지, 핵심 특허에 대해서는 국내외 주요 거점 국가에 특허로 확보되어 있는지, 독점적인 권리 확보를 통한 시장 진입 장벽을 구축했는지, 핵심 특허의 성격과 존속기간 등을 분석했을 때 양적 질적으로 우수한지 등을 평가받게 된다.

기술특례상장제도는 그동안 바이오 기업들이 많이 활용

하던 방식이다. 바이오 기업의 경우 특허가 사업의 모든 것을 차지할 정도로 중요하다. 그래서 많은 바이오 기업들이 상장을 준비하는 과정에서 변리사를 채용하기도 한다. 최근에는 인공지능 기업이나 '소부장'(소재, 부품, 장비) 기업 등에서도 자신이 확보한 핵심 기술의 우월성을 증명하는 방식으로 기술특례상장을 하고 있다. 기술기반 기업이므로 기술특례상장의 핵심인 기술평가에서는 특허가 절대적인 위치를 차지한다. 자사의 핵심 기술을 통해 향후 매출을 크게 발생시킬 수 있다는 확신을 기술평가 담당자들에게 보여줘야 하고 이후 거래소 심사역들도 잘 설득해야 한다.

특허로 기업의 기술력을 어필해야 하고 앞으로의 사업성을 인정받아 상장 이후에 예비심사청구서 상의 매출 추정이 실제로 실현 가능하다는 것을 투자자들에게 보여주는 것이 중요하다.

## 34. 협회 활동하기

협회에 꼭 가입해야 할까? 기업 경영을 하는 사람은 정치질, 협회 질에 휘말리면 안 된다는 조언을 많이 듣게 된다. 그런데 내 개인 생각으로는 한국 사회에서의 협회 활동은 잃는 것 보다는 얻는 것이 더 많은 선택이라고 생각한다. 잃는 것은 고작해야 가입비와 연회비 정도일 것이고 얻는 것은 생각보다 많을 수 있다. 물론 이상한 협회에 가입했다가 이상한 사람을 만나 시간 낭비하고, 돈 잃고, 사업이 힘들어지는 경우도 있을 수 있으나 그것은 꼭 협회 때문이 아니어도 언제든 발생할 수 있는 불운이다. 그래서 나는 이제 막 창업한 기술 기반 창업가에게는 협회 활동을 꼭 해보라고 권하고 싶다.

무슨 협회가 되었든 일단 가입해서 유사한 위치의 혹은 유사한 일을 하는 대표들과 만나 교류하게 되면 경영을 하면서 겪는 외로움을 해소할 수 있다. 앞에서 '대표이사의 외로움' 편에도 언급한 적 있지만 경영자는 외롭다. 대표가 하는 고민들은 사실 일반 직원들과 털어 넣고 이야기하기 어려운 성질의 것이 많다. 그렇다고 쌓아 놓고만 있을 수도 없다. 그런데 동종업계 사람들이 모여 있는 협회에 나가면 처음에는 뻘쭘하지만, 내가 지금 하고 있는 고민을 이미 앞서서 한 '선배'들이 많다는 것을 알게 된다. 이들에게 마음을 열고 고민을 얘기한다는 게 쉬운 일은 아니지만 같이 교류하다 보면 그냥 귀동냥으로라도 고민의 일부를 해소하는 데 도움을 얻을 수 있다. 만약 스스로 대인 관계가 서툴다고 생각한다면 더더욱 협회 활동을 해볼 것을 추천한다.

협회 가입을 하게 되면 일단 각종 뉴스레터와 정보들을 얻을 수 있다. 물론 이러한 정보들을 중요하게 생각하지 않는 사람에게는 큰 의미가 없겠지만 협회 회원사들만을 대상으로 하는 정부지원사업 등이 있다면 사업 초기 많은 도움을 얻을 수 있다. 특히 중소벤처기업부, 과학기술정보통신부, 산업통상자원부 등의 R&D 연구개발이 중요한 축을 차지하는 부서들과 관련 있는 협회의 경우라면 더더욱 그렇다. 협회에서 제공되는 정보와 교육들은 지원사업을 받는 데 도움이 되기도 하고, 협회 담당자나 정부기관 공무원들과의 교류를 통해 얻어지는 정보들은 사업의 새로운 기회가 되기도 한다. 협회라는 곳은 어느 정도 인력과 기업들이 모여 있는 곳이기 때문에 각종 사업을 진행해야 하는 정부부처로서는 협회와 좋은 관계를 맺고자 할 수밖에 없다.

그리고 기술 또는 산업분야와 관련된 협회는 칼럼이나 웹진에 기고할 콘텐츠가 있는 회원들을 특히 중요하게 생각한다. 모든 협회가 그런 것은 아니지만 몇몇 협회의 경우 자신들의 전문성을 높이기 위해 잡지나 웹진을 발행하는데, 협회 활동을 하면서 그곳에 기고도 하고 세미나 또는 교육 행사에서 강사로도 활동을 해보면 내 사업도 업계에 알릴 수 있고 투자받을 수 있는 기회도 살릴 수 있다.

협회에서는 비즈니스적으로도 도움받을 일이 많다. 동종업계의 협회라면 비슷한 일을 하기 때문에 서로를 잘 모르는 상태에서는 경쟁자로 생각해 경계하고 적대감을 가질 수 있지만, 좋은 인연을 만난다면 서로에게 큰 도움을 주는 관계로 연결되기도 한다. 나도 변리사로서 대한변리사회 활동을 오랫동안 해오면서 선배 변리사들로부터 많은 노하우도 얻고 좋은 사람 소개도 많이 받았다. 때로는 일을 소개해주기도 하고 좋은 사업이 나왔을 때는 서로 알려주는 경험도 많이 했다.

무엇보다 협회는 회원들의 권익을 보호하는 활동을 기본적으로 하는 단체이다 보니, 억울한 일을 당했을 때 협회에 도움을 호소하면 상당한 도움을 얻을 수 있다. 개별 회원들이 각자 대응하기 힘든 이슈들을 뭉쳐서 해결하는 것이 협회의 목적 중 하나이기 때문에 상임이사회나 협회 회장 하나이기 때문에 회원들의 민원제기를 외면할 수가 없다. 또한 협회 회원들 사이에 분쟁이 생겼을 때 이를 조정해주는 역할도 한다. 대놓고 특허침해를 하는 경우에는 법원에 특허소송을 제기해야겠지만, 이렇게 일이 심각해지기 전에 조정의 역할도 협회가 해줄 수 있다.

창업한지 얼마 안 되는 기술창업자들은 "엔젤투자를 어디서 받아야 할지 모르겠다"는 질문을 많이 한다. 사실 가장 빠른 엔젤투자는 관련 업계에서 이미 성공한 선배 사업가들이 개인적으로 하는 투자라 할 수 있다. 기술과 동떨어진 분야에서 성공한 엔젤투자자들은 아무리 액셀러레이터나 엔젤 클럽을 통해서 투자(개인투자조합)를 진행한다 하더라도 최첨단 기술 분야에 선뜻 투자를 결정하기는 어렵다. 그래서 오히려 협회에서 만난 이미 성장 궤도에 오른 선배 창업자들이 귀인이 될 가능성이 높다. 하루라도 빨리 좋은 투자자를 만나고 싶은 기술창업가는 자신이 속한 산업분야의 협회에 가입해서 활동하는 것이 투자유치를 위한 방법이 될 수 있다.

사업은 우연한 만남에서 성공의 실마리를 찾게 되는 경

우가 많다. 협회 활동을 통해서 다양한 사람들을 만나고 동종 업계의 사람들과 교류하자. 악연을 만날 수도 있지만 좋은 인연도 많다. 협회를 통해 맺어진 우연한 만남이 뜻밖의 기회를 제공해 주길 기원해보자.

# 35. 기업의 위기관리

사업을 하다 보면 정말 말도 안 되는 일들이 생각보다 자주 생긴다. 믿었던 동업자가 회사 돈을 사적으로 유용하기도 하고 수년간 함께 생사고락을 함께해온 직원이 회사의 지위나 브랜드, 이해관계를 이용해 비즈니스 협력관계의 회사나 상대방으로부터 사적으로 이익을 취하는 행동을 하기도 한다. 믿었던 구매팀 직원이 200만원짜리 제품을 2,000만원에 구매하면서 나중에 판매자로부터 별도로 이익을 얻기도 하고, 마케팅 팀장이 5천만 원짜리 광고 프로모션을 1억 원에 진행하고 나중에 광고대행사로부터 커미션 같은 걸 받기도 한다. 이런 일이 생긴다고 해서 대표이사가 소규모로 결재하는 것을 일일이 다 관찰할 수도 없다.

수많은 결재문서에 서명을 하기는 했는데 자세히 보지 않고 서명을 하다 보니, 나중에 사고가 터지더라도 최종 서명은 창업가인 내가 했으니 책임도 내가 져야 할 것 같다.

사업하면서 배임·횡령을 경험해보지 않은 창업가가 거의 없을 정도로 이러한 일들은 비일비재하다. 하지만 모두 쉬쉬한다. 이 일을 기회로 동업자였던 동료나 문제가 된 직원을 제거하거나 내보내는 구실로 삼기도 하고 그래서 법적으로 제대로 처리하지는 않는 경우도 많다.

사업을 하다 보면 가장 많이 생기는 위기 상황은 매출 하락과 배임·횡령이다. 전자는 경제적 상황이 안 좋아져서 발생하는 것이고 후자는 잘 되다 보니 탐욕에 의해서 발생한다. 경기 하락에 의한 매출 감소라면 경기가 회복될 때까지 버티거나, 회사가 가진 장점을 살려 다른 시장을 공략함으로써 회복할 수 있다. 배임·횡령도 창업 초기의 열정과 디테일을 다시 회복한다면 충분히 조기에 발견하여 치유할 수 있다. 대표이사가 심각한 대표 병에 걸려 회복이 불가능한 상태라면 개선이 어렵긴 하겠으나, 극복이 불가능한 것은 아니다. 대표가 아닌 동업자나 직원의 배임·횡령의 경우에는 시스템의 개선으로 상황을 극복할 수 있다.

창업가들은 '회사나 동료를 신뢰하고 믿었다'고 말하지만, 창업 초창기 때보다는 사업이 많이 커졌기 때문에 관리 감독이 나태해진 경우가 대부분이다. 매일 미세하게 관리해야 하는 것은 아니지만 가끔은 대표가 자세히 들여다보고 이런 일들이 생기지 않도록 점검해야 한다.

노동법적으로 생기는 문제들도 많다. 기존의 직원들이 신규 직원의 입사를 반기지 않으면서 집단 괴롭힘을 하는 경우도 있고 조직적으로 다투는 경우도 있다. 자기 팀 이외의 일에는 관여하지 않으려는 사일로(Silo, 부서이기주의) 현상에 빠져 철저하게 이기적으로 행동하는 팀도 생긴다. 위기가 생기기 전에 기업 문화에 관한 여러 가지 책도 보고 새로운 제도도 도입해 보고 노력해보지만 어차피 이론은 이론이고 실제 현장에서는 이런 처방전이 통하지 않을 수 있다.

위기관리를 위해서는 다음의 세 가지를 하나씩 따져보고 우리 회사 형편에 맞춰 준비를 해두면 좋다.

첫째, 발생한 사건이 기업 입장에서 '위기'인지 판단할 수 있는 기준이 내부적으로 있어야 한다. 보통 이사회에서 판단하는 사항들은 대표이사가 재량으로 결정할 수 있는 일들보다 더 큰 사항들이다. 따라서 위기인지 아닌지 여부의 판단 기준이 정관에 기재된 이사회 의결 사항인지 그렇지 않고 대표이사가 알아서 할 사항인지 확인하는 것이 중요하다. 이사회는 대표이사를 보좌하기 위한 기관이며 이사회에서 결정하고 이사회 회의록을 적으면 대표이사 혼자서 모든 책임을 지지 않아도 되기 때문에 일어난 위기에 대해 대표이사의 부담이 덜어질 수 있다. 따라서 대표이사는 위기 상황에 대비해 이사회를 상시적으로 소집하고 사외 이사도 풍부하게 구성해 함께 문제 사항을 풀어가는 것이 좋다. 초기 창업가들은 사외이사가 무엇을 하는 사람들인지 잘 모르는 경우도 많은데 상장사 사외이사의 상당수가 검사, 언론인, 정치인 출신이라는 뉴스를 참조해보면 감이 온다. 사외이사는 회사가 위기에 처했을 때 그 위기를 어떻게 헤쳐 나갈 수 있을지 조언을 할 수 있는 능력을 갖추고 있는 사람이면 좋다.

둘째, 홍보팀이 있는지 언론과의 관계가 관리가 되고 있는지를 살펴보자. 우리 회사가 어떤 사업을 하든지 우리와 이해관계가 충돌되는 집단은 반드시 있기 마련이다. 가장 직접적으로는 우리와 같은 사업을 하는 경쟁 기업이겠지만 생각지도 못했던 곳에서 우리 회사의 '멸망'을 기원하는 집단이 있을 수 있다. 따라서 회사는 홍보팀을 구성하고, 언론을 어떻게 상대할지 따로 매뉴얼 같은 것을 마련해 두어야 한다. 종종 마케팅과 홍보를 같은 것으로 생각하는 경우가 있는데, 마케팅은 말 그대로 시장 점유율을 높이기 위한 활동이고 홍보는 대중(고객과 예비 고객)과의 관계를 유지하고 꾸리는 활동이다. 만약 홍보팀을 꾸릴 상태가 아니라면 전화로 이것저것 물어볼 수 있는 친한 기자 한두 명 정도는 만들어 두면 좋다. 위기가 닥쳤을 때 어떻게 해야 하는지는 친분을 쌓은 기자에게 물어보고 조언을 구할 수도 있다.

셋째, 어드바이저 그룹을 운영하자. 다양한 분야의 출신들로 구성된 고문단, 자문단과 적어도 두 달에 한 번 정도는 회의를 하면서 여러 가지 문제나 위기 사항 등에 의견을 구하면 좋다. 연배가 있으신 고문들의 경험과 네트워크는 생각 이상으로 도움을 줄 때가 많다. 이들의 인프라를 활용한다면 어지간한 위기에서 쉽게 빠져나올 수 있다. 사업 경험 나아가 세상 경험이라는 것은 일을 잘한다고 해서 쌓이는 것도 아니고 결국은 시간과 연륜을 통해서만 습득되는 노하우다.

# 36. 엑시트

이제 마지막인 36계까지 왔다. 병법에서 36계의 마지막은 역시나 '줄행랑'이다. 성공적인 퇴각은 매우 중요하다. 기업 공개(IPO)는 사실 대중들로부터 공개적으로 투자금을 받아서 본격적으로 사업을 '시작'하는 것이기 때문에 엑시트(창업자가 자신이 가진 지분을 현금화하는 것)라고 보기는 어렵다. 특히나 기술특례상장 등의 경우 지분을 매각할 수 없는 '보호예수기간'이 길기 때문에 지분을 마음대로 팔기도 어렵다. 일반적인 상장(IPO)이라고 하더라도 일정 지분을 가진 대주주가 일부 매각이라도 하려면 공시를 해야 하기 때문에 소액주주들의 눈치를 안 볼 수가 없다. 자칫 대주주의 지분 매각공시가 뜨면 주주게시판이 들끓고 고소·고발이 들어오기도 한다. 그래서 기업공개를 현금화 수단이라고 생각하기보다는 더욱 강한 기업을 만들기 위한 '첫걸음'이라고 생각하는 것이 더 낫다.

우리나라에서는 인수합병(M&A)이 많지 않다. 상대방을 믿지 못하는 국민적 성향 때문이 아니라 우리 기업들의 성향이 변하는 시점이라 그렇다. 70년대 이후 전통적인 산업영역(제조업, 건설업, 유통업 등)에서 기업을 성장시킨 경제계의 선배들은 2000년 이후에 발전한 산업영역(IT, 바이오 등)에서 발생하는 '기업가치'를 이해하기 어려워 했다. 제조업 기반의 산업에서는 공장의 자산가치, 기계, 생산인력, 연구인력, 유통채널, 영업권 등 '기업을 평가하는 방법'들이 오랜 시간 연구되고 정리되어 왔지만 IT, 바이오 분야와 같은 새로운 산업 영역에서는 기업가치(상장된 기업들은 시가총액)를 평가한다는 게 쉽지가 않았다. 이는 지식재산권 등 눈에 보이지 않는 요소들이 IT, 바이오 기업의 기업가치에 큰 요소가 되면서 더 심화되었다. 이처럼 평가가 쉽지 않으니 기존 전통 경제권에서의 새로운 산업에의 투자와 M&A는 더 어려운 일이 되었다. 그러면서 기존의 제조업, 건설업 기업들이 새로 등장하는 스타트업의 기업가치가 너무 터무니없다고 생각하고 중간에 인수합병을 포기하는 경우도 많았다.

그렇다 보니 최근까지도 인수합병의 트렌드는 주로 신경제 기업(주로 IT기업)들 사이에서 끼리끼리 이루어지고 있다. 판교와 강남 등에 위치한 이들 기업의 경영자들은 대부분 비슷한 스타트업 배경을 갖고 있고 나이도 비슷하다. 같은 학교를 다녔거나 같은 회사를 다니는 등 다른 업종에 비해 교류도 활발하다 보니 합병 논의도 아주 자연스럽다. 그 결과 IT기업간 합종연횡이 자주 뉴스에 보도되고 있다.

그리고 인수합병은 주로 인간관계에 의해서 이루어지기 때문에 인수합병을 통해서 사업을 매각했던 사람의 경험이 중요하다. 결국 '매입 의향'을 가진 사람을 만나는 게 가장 중요한데, 이미 매각 경험을 가진 사람을 통해서 소개받는 것이 인수자를 구하는 데 있어 가장 빠른 방법이다.

아무리 서로 잘 알고 오랜 세월 같이 커온 회사라 하더라도 이들 회사들이 서로 M&A 과정을 통해 합쳐진다는 것 (한쪽 회사는 매각이고 한 회사는 합병)은 말처럼 쉬운 일이 아니다. 합병된 회사가 잘 되기 위해서는 여러 가지 조건이 필요하지만 가장 중요하게는 합병 초기 피인수 기업의 창업자가 회사를 떠나지 않고 남아서 같이 일정 시간 일을 해주는 것이다. 이를 '락업'(Lock-up)이라고 하는데 보통 2년에서 3년 정도 '의무복무기간'을 통상적으로 가진다. 국민적인 인기를 얻었던 내비게이션 앱인 김기사를 창업했던 멤버들은 카카오에 인수되면서 카카오T의 핵심 멤버들이 되었다. 이들은 약 600억 원 정도의 가치로 김기사를 카카오에 매각했고, 2~3년간 의무복무를 하고서 회사를 나왔다. 이후 스타트업에 투자하는 액셀러레이터인 김기사랩을 설립, 활발한 액셀러레이터로 변신하여 창업가들을 돕고 있다.

인수합병에 성공하게 되면 엑시트을 한 창업가 입장에서는 인수 자금을 벌게 되는 것도 있지만 인수 기업이 갖고 각종 인간관계도 얻게 된다. 의무복무기간 동안 인수 기업의 네트웍에 속하는 사람들을 만나게 되면서 자신의 인간 관계 풀을 확대시킬 수도 있다. 이는 향후 의무복무기간을 잘 마친 후 새로운 일을 하는 데 있어 큰 도움이 되기도 한다. 다만 그러기 위해서는 의무복무기간 동안 성심껏 회사의 발전과 유지를 위해 전임 창업가로서 노력을 다해야 한다.

한 번 사업을 했던 사람은 '엑시트'라는 과정을 통해 잠깐 쉴 수는 있겠지만, 언젠가는 또다시 사업을 하게 된다. 밑바닥에서부터 다지고 다져 올라온 경험을 했기 때문에 이전보다는 조금 더 '격조 있는' 사업을 하고 싶어 회수한 자금을 통해 투자업 같은 것에 도전하기도 하지만, 무에서 유를 창조하는 것을 즐기는 창업가라면 결국에는 직접 다시 사업을 하게 된다. 그리고 특정 기업에 투자를 한다 하더라도 초기 창업가의 좌충우돌을 답답한 심정으로 보고 있다 본인이 직접 경영에 참여하는 결정을 하기도 한다.

한편, 창업에 실패했다 하라도 다시 직장인으로 돌아가는 것은 극히 어려운 일이다. 창업을 생각하고 실행했다는 것 자체가 이미 창업가로서의 성향을 갖고 있는 것이기 때문에 다시 급여를 받는 삶으로 돌아가기란 쉽지가 않다. 많은 사람들이 창업에 도전했다 망한다. 하지만 그들을 만나 이야기 나눠보면 항상 새로운 꿈을 이야기한다. 마음의 병만 걸리지 않는다면 사업이 잘못되는 과정에서도 사람은 언제나 성장하기 마련이다.

끝나기 전까지는 끝난 것이 아니다. 사업은 문제인식능력을 가진 사람들이 문제해결능력을 가진 사람들과 함께 세상을 바꾸는 아트의 영역이다. 문제를 발견하고 소비자들과 투자자들을 설득하고 문제를 해결하는 과정에서 사업가들은 인생의 쾌감을 느낀다. 중간 중간 '엑시트'라는 휴게소를 들러 쉴 수는 있겠지만 사업가가 '세상에 대한 관심'을 계속 갖는 한 사업은 계속된다.

# 기술창업 36계

내 기술을 지키고 내 기술로 돈을 버는 습관

**초판 1쇄 발행** 2022년 8월 16일

**지은이** 엄정한
**펴낸이** 김옥정

**만든이** 이승현
**디자인** 디스커버

**펴낸곳** 좋은습관연구소
**주소** 경기도 고양시 후곡로 60, 303-1005
**출판신고** 2019년 8월 21일 제 2019-000141
**이메일** buildhabits@naver.com
**홈페이지** buildhabits.kr

**ISBN** 979-11-91636-36-9 (13320)

좋은습관연구소에서는 누구의 글이든 한 권의 책으로 정리할 수 있게 도움을 드리고 있습니다.
메일로 문의해주세요.

네이버/페이스북/유튜브 검색창에 '좋은습관연구소'를 검색하세요.